Inhaltsverzeichnis

Vorwort

Dieses Buch vermittelt kognitive und organisatorische Kernkompetenzen, die die Voraussetzung für erfolgreiches Schreiben im Studium sind. Im Vordergrund stehen zunächst die Bewertungskriterien für schriftliche Arbeiten sowie die spezifischen Konventionen der im Studium geforderten Textsorten. Mit Hilfe von Metaphern aus dem Bereich der Architektur und zahlreichen Beispielen wird sodann gezeigt, wie wissenschaftliche Texte konstruiert sind und welche Denkmodelle ihren Argumentationen zugrunde liegen. Im Anschluss daran wird anhand der fünf Phasen des Schreibprozesses (Themenfindung, Themenreflexion, Literaturrecherche und -beschaffung, Textproduktion und Endredaktion) der Weg von der ursprünglichen Idee bis hin zur fertigen Arbeit skizziert. Zahlreiche Tipps, Abbildungen und Checklisten helfen dabei, Fehler zu vermeiden, die Qualität der eigenen Arbeit zu überprüfen, den Schreibprozess effizienter zu organisieren und Schreibblockaden zu überwinden. Den Abschluss bildet ein Überblick über Berufsfelder für Autorinnen und Autoren.

Der Band will Studierende dazu motivieren, sich aktiv und kontinuierlich mit den Voraussetzungen, Grundlagen und Strategien des Schreibens auseinanderzusetzen, denn schriftliche Arbeiten im Studium dienen nicht nur dem Nachweis von Fachwissen zum Scheinerwerb. Wissenschaftliche Texte helfen vielmehr dabei, Gedanken zu ordnen, Zusammenhänge zu verstehen und Erkenntnisse zu gewinnen. Schreiben erfordert kritisches und analytisches Denken und Formulieren und schult dadurch die Auffassungsgabe, Konzentration und Ausdrucksfähigkeit. Sven Regener weiß, wovon er singt: „Ohne Klarheit in der Sprache ist der Mensch nur ein Gartenzwerg". Nichts gegen Gartenzwerge, aber ein bisschen Klarheit kann auch nicht schaden. Es wäre schön, wenn die folgenden Seiten dazu einen kleinen Beitrag leisten könnten.

Ich danke meinen Eltern dafür, dass bei uns Bücher immer selbstverständlich waren. Von und mit Ansgar Nünning und Andy Cremer habe ich viel über das wissenschaftliche bzw. kreative Schreiben lernen dürfen, wertvolle Erfahrungen, die in die Konzeption dieses Buches eingeflossen sind. Dilek Gürsoy, Anne-Catherine Höffer, Lena Scherfer und Sebastian Weihs danke ich für die engagierte Unterstützung bei der Recherche, Literaturbeschaffung und Endredaktion, Sandra Heinen für die kritische Durchsicht des Manuskripts und Manfred Ott vom Klett Verlag für die hervorragende redaktionelle Betreuung und die großzügige Interpretation des Wortes ‚Termin'. Mit Mia darf ich gerade die Klarheit in der Sprache neu entdecken, und (nicht nur) das verdanke ich Irmgard.

Roy Sommer
im September 2006

„Die Fähigkeit, wissenschaftliche Texte zu verfassen, ist eine Kompetenz, die den Erfolg in Wissenschaft und Studium wesentlich mitbestimmt.“ (EHLICH/STEETS 2003: 1)

1 Besser schreiben, erfolgreicher studieren?

1 Erfolgsfaktor ‚Schreiben‘

Zielgruppe

Dieses Buch richtet sich an Studierende, die möglichst viel aus ihrem Studium machen und neben fachlichem Wissen auch Schreibkompetenz erwerben und vertiefen wollen. Schreibkompetenz ist eine unmittelbar berufsrelevante Schlüsselqualifikation, die unterschiedliche Kernkompetenzen vereint: Zeitmanagement, Lesekompetenzen, Recherchekompetenzen, Strukturierungs- und Analysekompetenzen und vor allem natürlich Techniken der Textproduktion. Studierende, die diese Kompetenzen und Techniken bewusst trainieren, haben bessere Chancen, das zentrale Ziel des Studiums zu erreichen – einen möglichst guten Abschluss innerhalb der Regelstudienzeit. Die Überschrift dieses Kapitels deutet diesen Zusammenhang bereits an: Wer Zeit und Energie in die Entwicklung der eigenen Schreibkompetenz investiert, wird im Studium mehr Erfolg haben.

Good thinking

Dieser Erfolg ist nicht auf die Note einer einzelnen Arbeit beschränkt, denn Schreiben ist ein vielschichtiger Lern-, Kommunikations- und Erkenntnisprozess: „Indem ich schreibe, ordnen sich meine Gedanken, gewinne ich Einsichten in komplexe Sachverhalte, präge ich mir Lernstoff ein“ (PYERIN 2001: 13). Im wissenschaftlichen Diskurs nimmt die Textproduktion als kognitiver und kommunikativer Akt daher einen zentralen Platz ein. Schreiben ist Informationsvermittlung, dient dem Austausch von Argumenten, fungiert als Mittel zur Problemlösung und Überprüfung von Thesen, bietet Entscheidungshilfen und weist den Weg zum Verständnis komplexer Sachverhalte. ACZEL (2005: 8) bringt dies auf den Punkt: „Good writing is the result of good thinking“.

Studiendauer

Viel Zeit zum Denken bleibt den Studierenden heutzutage allerdings nicht: Ihr Alltag ist geprägt durch überfüllte Seminare, die Notwendigkeit, zur Finanzierung des Studiums nebenher zu arbeiten, und wachsenden Termindruck. Seit der Einführung der modularisierten Studiengänge müssen schriftliche Arbeiten häufig noch vor dem Beginn des nächsten Semesters eingereicht werden, so dass die meisten Studierenden während der Semesterferien mehrere Arbeiten parallel anzufertigen haben. Unklare Anforderungsprofile, Schreibblockaden und Schwierigkeiten beim Umgang mit der Wissenschaftssprache führen dann häufig dazu, dass die Abgabefristen für schriftliche Hausarbeiten nicht eingehalten werden (können). Die Konsequenzen sind Wiederholungen nicht abgeschlossener Seminartypen, die die Studiendauer verlängern, Probleme mit dem BAFöG zur Folge haben und die Kosten für das Studium in die Höhe treiben. Denn seit der flächendeckenden Einführung von Studiengebühren werden nicht nur Langzeitstudierende kräftig zur Kasse gebeten. Die zusätzliche finanzielle Belastung erhöht den Leistungsdruck und führt in manchen Fällen sogar zum Studienabbruch.

Studienerfolg

Doch nicht nur auf die Studiendauer und die damit verbundenen Kosten wirkt sich der Erfolgsfaktor Schreiben ganz unmittelbar aus, sondern auch auf die Studienleistungen: Je besser die Hausarbeit ist, desto besser ist die Benotung des damit erworbenen Leistungsnachweises. Bereits im Grundstudium ist dies von zentraler Bedeutung, da für die Aufnahme in die begehrten Stipendienprogramme der Begabtenförderungswerke überdurchschnittliche Leistungen eine wesentliche Voraussetzung sind. Spätestens im Hauptstudium werden professionelle *writing skills* unentbehrlich, da hier die Ansprüche an Umfang, Wissenschaftlichkeit und Kohärenz steigen. Die Abschlussarbeit schließlich entscheidet mit über die Note des Abschlusszeugnisses und ist damit ausschlaggebend für die Chancen der Studienabgänger beim Berufseinstieg.

Arbeitsmarkt

Häufig interessieren potentielle Arbeitgeber sich weniger für die fachlichen Inhalte eines geistes- oder kulturwissenschaftlichen Studiengangs als vielmehr für die Schlüsselqualifikationen, die man durch die akademische Tätigkeit erworben hat. Hierzu zählt neben kommunikativen oder analytischen Kompetenzen vor allem ein sicherer und kreativer Umgang mit Sprache – mündlich wie schriftlich. Wer gelernt hat, termingerecht und stilsicher adressatenorientierte Texte unterschiedlicher Art abzuliefern, verfügt über eine gefragte Qualifikation, die das eigene Kompetenzprofil maßgeblich aufwertet.

2 Systematische Förderung

Defizite

Obwohl das Schreiben also ein zentraler Erfolgsfaktor im Studium ist, der – anders als fachspezifische Seminarinhalte – über das gute Abschneiden in allen belegten Fächern mit entscheidet, werden sowohl die Schreibfähigkeiten der Studierenden als auch ihre Kenntnis der Konventionen wissenschaftlicher Textsorten (vgl. Kap. 3) in der Regel nicht systematisch gefördert, sondern stillschweigend vorausgesetzt.

Nachfrage

Die Merkblätter zum Verfassen von Hausarbeiten, die manche Lehrende zur Verfügung stellen, sind natürlich hilfreich und wichtig, nicht zuletzt deshalb, weil die in ihnen beschriebenen Formalien häufig fach- oder lehrstuhlspezifisch sind. Klar ist aber auch, dass ihre Lektüre bei weitem nicht ausreicht, um Studierende zu professioneller Projektplanung, routinierter Textproduktion und zum konstruktiven Umgang mit Schreibkrisen zu befähigen. Dass es sich hier um ein ernst zu nehmendes Defizit handelt, zeigt die ständig steigende Nachfrage nach zusätzlicher Förderung: Schreibzentren und -werkstätten, Schreibforschung und -didaktik und auch Ratgeberliteratur für das Selbststudium haben Hochkonjunktur.

Contra?

Skeptiker bestehen dennoch darauf, dass man die Befähigung zum wissenschaftlichen Schreiben als eine Voraussetzung für die Zulassung zum Hochschulstudium betrachten sollte. Die ständig wachsende Zahl von Büchern zum wissenschaftlichen Schreiben wird als Resultat der Marketingstrategien von Verlagen abgetan, die mit Kompendien des ohnehin Selbstverständlichen in immer neuer Verpackung den Studierenden das Geld aus der Tasche ziehen. Auch Forderungen nach einer professionellen Schreibförderung im Studium sind heftigem Gegenwind ausgesetzt: Sie werden als ein Anzeichen weiter sinkender Standards im universitären Studium (miss)verstanden. Warum sollte man etwas einführen, so wird argumentiert, ohne das man früher schließlich auch gut ausgekommen sei?

Pro!

Die Antwort lautet: Weil sich die Rahmenbedingungen tief greifend und nachhaltig verändert haben. Erstens haben die Studierenden im Zeitalter der Studiengebühren und verschulten BA- und MA-Studiengänge nicht mehr so viele Freiräume wie frühere Studentengenerationen, die sich alle benötigten Fertigkeiten selbst aneignen mussten. Zweitens werden die Anforderungen an schriftliche Arbeiten zunehmend standardisiert, da Textsorte und Umfang einer Arbeit an ein durch Leistungspunkte definiertes, knapp bemessenes Zeitkontingent gekoppelt sind, das von einem Vollzeitstudium (ohne parallele Erwerbstätigkeit!) ausgeht. Solche Standards setzen ein größtmögliches Maß an Transparenz voraus. Denn nur, wenn man genau weiß, was verlangt wird, kann man im vorgegebenen Zeitrahmen Bestleistungen erzielen. Drittens haben sich auch die Anforderungen an wissenschaftliches Schreiben selbst verändert: Dienten wissenschaftliche Arbeiten früher lediglich dem Dokumentieren von Forschungsergebnissen, wird heute neben der Wissenschaftlichkeit auch zunehmend die Vermittlungsleistung bewertet. Damit rücken neue Aspekte wie Textsortenbewusstsein, Adressatenorientierung und Lesbarkeit in den Mittelpunkt.

Fazit

Studierende haben ein Anrecht darauf, dass alle Leistungsanforderungen auch Inhalt des Studiums sind und daher in der Gestaltung der Studienpläne bzw. Lehrveranstaltungen entsprechend berücksichtigt werden. Ein fehlerfreier, sicherer Umgang mit der deutschen Sprache darf vorausgesetzt werden – die Kenntnis der spezifischen Konventionen akademischen Schreibens und der Wissenschaftssprache jedoch nicht. Wie fachliches Wissen müssen auch Schreibkompetenzen systematisch vermittelt und erworben werden – durch die theoretische Auseinandersetzung mit den Anforderungen, Zielen und Formen des Schreibens in speziellen Kursen oder im Rahmen der fachwissenschaftlichen Lehrveranstaltungen. Von wesentlicher Bedeutung sind natürlich vor allem die kontinuierliche Schreibpraxis und das konstruktive Feedback der Lehrenden. Jede Anstrengung in diesem Bereich wird sich sicher lohnen, denn Schreiben ist ein zentraler Erfolgsfaktor in Ihrem Studium.

2 Kann man (besser) schreiben lehren und lernen?

Schreibforschung

Seit Anfang der 1990er Jahre hat sich auch in Deutschland die sog. prozessorientierte Schreibforschung fest etabliert. Mit dem Schreiben beschäftigen sich entsprechende Ansätze in der Pädagogik, Psycholinguistik und Schreibforschung, die den Zusammenhängen zwischen Denken, Sprechen, Lesen und Schreiben nachgehen, den Schreibprozess analysieren, typische Schreibprobleme untersuchen und Ursachen für Schreibblockaden erforschen bzw. Methoden zu ihrer Überwindung entwickeln. Neben wissenschaftlichen Studien gibt es eine umfangreiche Ratgeberliteratur. Diese basiert auf praktischen Erfahrungen von Dozent(inn)en, die hunderte oder gar tausende von Arbeiten korrigiert und kommentiert haben, oder von Schreibberater(inne)n, die sich mit den individuellen Problemen und Schreibhemmungen einzelner Studierender intensiv beschäftigt haben.

Schreibzentren

Seit einigen Jahren werden in Schreibzentren, Schreibwerkstätten und Schreibkursen an verschiedenen Universitäten solche Erkenntnisse und Einsichten an Studierende und Promovierende weitergegeben. Heute wird niemand mehr ernsthaft bezweifeln, dass sich Schreibkompetenz methodisch und systematisch fördern lässt: Schreiben kann man lernen und auch lehren. Auch die Frage nach dem ‚Wie?' wird nicht kontrovers diskutiert, da klar ist, dass nur Methodenpluralismus und eine Vielfalt von Angeboten den individuellen Bedürfnissen von Studierenden mit oder ohne Schreiberfahrungen bzw. Schreibhemmungen gerecht werden können. Die zentrale Frage ist daher: In welchem Rahmen kann Schreibförderung in das Studium integriert werden?

Schreibkompetenz fördern

Lehrveranstaltungen, die nicht zum fachwissenschaftlichen Pflichtprogramm der angebotenen Studiengänge zählen, werden bislang auf die Lehrverpflichtungen der Professor(inn)en nicht angerechnet, und für zusätzliche Lehraufträge fehlt meist das Geld. Daher sind Schreibkurse bislang kein fester Bestandteil der fachwissenschaftlichen Module. Es ist im Interesse der Studierenden nur zu hoffen, dass die Hochschulen angesichts der zunehmenden Konkurrenz im Zuge des Bologna-Prozesses erkennen, dass eine in das fachwissenschaftliche Studium integrierte Förderung von Schreibkompetenz die Attraktivität eines Studiengangs steigern und damit wesentliche Wettbewerbsvorteile bringen kann.

Literatur

Bis sich diese Einsicht durchsetzt, bleibt den meisten Studierenden nichts anderes übrig, als sich im Selbststudium mit Hilfe von Handbüchern und Ratgebern die wichtigsten Kenntnisse anzueignen und sie durch eigene Übung zu vertiefen. Ein Mangel an unterstützender Lektüre besteht ja nicht. Angesichts der Vielzahl einschlägiger Titel, die Sie *Fit fürs Studium* (Franck 2004) oder *Fit im Studium* (Broich 2002) machen wollen, indem sie das *Schreiben im Studium* (Bünting/Bitterlich/Pospiech 1996) trainieren, *Die Technik wissenschaftlichen Arbeitens* (Franck/Stary 2006) bzw. *Techniken und Konventionen zur Erstellung wissenschaftlicher Arbeiten*

(STROHHECKER 2005) vermitteln; die in die *Praxis des wissenschaftlichen Arbeitens* (BURCHERT/SOHR 2005) einführen, bei der *Anfertigung wissenschaftlicher Arbeiten* (BRINK 2005) behilflich sind; die *Wissenschaftlich schreiben* (Bramberger/Forster 2004), *Wissenschaftliches Schreiben* (BOULANGER 2005), *Wissenschaftlich arbeiten* (BAADE 2005), *Wissenschaftliche Arbeiten* (ROSSIG/PRÄTSCH 2002), *Wissenschaftliches Arbeiten* (BÄNSCH 2003, GRUNWALD 2003, PÄTZEL 2001, THEISEN 2000) oder *Erfolgreiches wissenschaftliches Arbeiten* (BRAUNER 2004) zum Gegenstand haben bzw. eine *Anleitung zum wissenschaftlichen Arbeiten* (BECKER 2004) bzw. eine *Einführung in das wissenschaftliche Arbeiten* (HUG 2001, SESINK 2003) bieten wollen; die damit auch noch alle dasselbe Ziel verfolgen, nämlich Ihnen zu zeigen, wie Sie *Effektiv studieren* (REDDER 2002) oder sogar *Leichter studieren* (BURCHARDT 2000) können – angesichts dieser Menge an Literatur stellt sich vielmehr die Frage, was ein weiteres Buch zum Thema an Neuem zu bieten vermag.

Leitfragen

Da es unterschiedliche Schreibtypen gibt, deren Stärken und Schwächen stark voneinander abweichen, kann es nicht das eine, perfekte Buch zum Schreiben (oder zu irgendeinem anderen Thema) geben. Manche Leser(innen) bevorzugen eine saloppe Sprache, andere sachliche Information, die erwünschte Anzahl und formale Gestaltung von Abbildungen ist Geschmackssache, und die optimale Eingrenzung des Themas und die Gewichtung der Schwerpunkte sind abhängig von den Interessen und konkreten Bedürfnissen der Studierenden (z. B. Überblickswissen vs. praktische Hilfe bei der Bewältigung einer konkreten Schreibaufgabe). Dieses Buch gibt Antworten auf sechs Leitfragen:

- Was wird in einer schriftlichen Arbeit im Grund- bzw. Hauptstudium verlangt und nach welchen **Bewertungskriterien** werden Arbeiten benotet?
- Welche **Denkmodelle und Argumentationsmuster** können für den Hauptteil als Orientierungshilfen dienen?
- Welche Funktionen haben die **Rahmentexte** (Einleitung und Schluss)?
- Welche Arbeitsphasen fallen während des Schreibprozesses an, und wie muss man **Schreibprojekte planen**, um rechtzeitig zum Abgabetermin fertig zu werden?
- Was kann man tun, um sich in **Schreibkrisen** wieder zu motivieren, und welche Strategien gibt es zur Überwindung von Schreibhemmungen?
- In welchen Bereichen lässt sich die im Studium erarbeitete **Schreibkompetenz beruflich nutzen** und welche zusätzlichen Kompetenzen werden dabei benötigt?

Eigene Akzente

In dreifacher Hinsicht setzt dieser Band dabei eigene Akzente. Um möglichst direkt, konkret und wirklichkeitsnah auf die Bedürfnisse der Studierenden zu reagieren, geht er erstens nicht von Erkenntnissen der Schreibforschung oder einer bestimmten Methode zur Förderung von wissenschaftlicher Kreativität aus, sondern von dem **Anforderungsprofil**, das der Beurteilung zugrunde liegt: Was wird verlangt? Was soll die Arbeit demonstrieren? Im Unterschied zu zahlreichen neueren Ratgebern wird zweitens konsequent die **wissenschaftliche Perspektive** gewählt. Kreative Verfahren wie Brainstorming oder Mind-Mapping werden zwar berücksichtigt. Im Mittelpunkt stehen aber gattungstheoretische Überlegungen zur formalen und funktionalen Spezifik universitärer Textsorten sowie wissenschaftliche Denkmodelle und Argumentationsmuster. Drittens wird in einem abschließenden Kapitel dargelegt, wo und unter welchen Voraussetzungen sich **mit Schreiben Geld verdienen** lässt.

Auswahl-bibliographie

Viele Autor(inn)en haben bereits Wichtiges und Hilfreiches zum Thema Schreiben im Studium publiziert. Deshalb gibt es als Anhang eine in Rubriken untergliederte und teilweise kommentierte Auswahlbibliographie, in der weiterführende Literatur empfohlen wird – von Nachschlagewerken bis hin zu fachspezifischen Ratgebern.

Zielgruppe

Dieses Buch nützt damit sowohl Anfängern als auch Fortgeschrittenen. Es richtet sich insbesondere an Studierende der Geistes-, Sozial- und Kulturwissenschaften mit oder ohne Schreiberfahrung, die gezielt an ihren Schreibkompetenzen feilen wollen, um bessere Autor(inn)en zu werden, um bessere Studienleistungen zu erzielen oder um sich zusätzliche berufliche Perspektiven zu eröffnen. Denn in einer Wissensgesellschaft zählt Textkompetenz, das heißt professionell geschultes Lesen und Schreiben, zu den wichtigsten Schlüsselqualifikationen bzw. Kulturtechniken. Der im Titel programmatisch formulierte und eingangs erläuterte Zusammenhang zwischen Schreibkompetenz und Studienerfolg bietet eine pragmatische Motivation, Energie in die Verbesserung der eigenen Schreibstrategien zu investieren. Dieses Buch richtet sich aber explizit auch an Studierende, denen – jenseits jeden Kalküls – akademisches, aber auch kreatives oder autobiographisches Schreiben an sich Spaß macht und die ihre Gedanken und Ideen in guten (oder noch besseren) Texten zum Ausdruck bringen wollen.

3 Hinweise zur Benutzung

Modularer Aufbau

Wie viele Schreibratgeber ist auch dieses Buch modular aufgebaut, d. h. die einzelnen Kapitel sind weitgehend in sich geschlossen und können auch in einer anderen Reihenfolge als der hier vorgegebenen gelesen werden. Wer also gerade über einer Hausarbeit brütet und nicht weiterkommt, kann sich z. B. von den Denkmodellen und Strukturierungshilfen in Kap. 4 anregen lassen. Falls Sie hingegen das Gefühl haben, bereits unter Schreibhemmungen oder Schreibblockaden zu leiden, lesen Sie am besten zunächst Kap. 6.

Roter Faden

Trotz des modularen Aufbaus ist die Abfolge der Kapitel jedoch nicht willkürlich gewählt. Sie folgt einem roten Faden, der sich aus der oben erläuterten Anlage des Buches ergibt: Ausgangspunkt sind die übergeordneten Lehrziele und konkreten Bewertungskriterien, aus denen sich die spezifischen Anforderungen an Studienarbeiten ableiten lassen. Wenn Sie sich also einen systematischen Überblick darüber verschaffen wollen, was in schriftlichen Arbeiten während des Grund- und Hauptstudiums von Ihnen verlangt wird und wie Sie diesen Ansprüchen gerecht werden können, sollten Sie die Kapitel 2 bis 5 der Reihe nach durcharbeiten.

Selbststudium

Dieses Buch bietet fünf Checklisten (Kap. 5) für die Selbstkontrolle, verzichtet aber bewusst auf praktische Übungen, wie sie in manchen Ratgebern angeboten werden. Der Grund dafür ist, dass Schreibübungen nur dann sinnvoll sind, wenn sie auch kompetent begutachtet werden, etwa im Rahmen einer Schreibberatung oder einer Schreibgruppe. Eine solche Anleitung und das entsprechende Feedback fehlen aber beim Selbststudium, so dass man die eigenen Fortschritte nicht richtig einschätzen kann. Die beste Übung ist nach wie vor die Bewährung in der konkreten Schreibsituation. Darauf können Sie sich mit Hilfe der folgenden Kapitel sowie der weiterführenden Lektüreempfehlungen im Anhang gezielt und systematisch vorbereiten.

„Wenn Sie einen Leistungsnachweis erwerben wollen, werden die Spielregeln von demjenigen bestimmt, der Ihre Leistung zu beurteilen hat." (SESINK 2003: 210)

1 Die Spielregeln

Willkür?

SESINK verweist zu Recht auf die Abhängigkeit der Studierenden von den Lehrenden bei der Bewertung der Studienleistungen. Im Massenbetrieb unserer Hochschulen kommt es leider immer wieder vor, dass Lehrende nicht konkret genug oder nicht rechtzeitig die genauen Anforderungen für schriftliche Arbeiten mitteilen; dass sie den Studierenden völlig freie Hand bei der Wahl des Themas lassen, nur um dann, wenn diese sich nach aufwendigen Recherchen für etwas entschieden haben, doch eine ganz andere Fragestellung vorzuschlagen; oder dass sie selbst in der Sprechstunde keine Zeit haben, um wenigstens die dringendsten Fragen zu beantworten. Die Folge ist gelegentlich das Gefühl, der Willkür der Lehrenden hilflos ausgeliefert zu sein.

Kommunikationsproblem!

Zum Glück sind bösartige Lehrende ebenso selten wie faule Studierende. Die ‚gefühlte' Willkür beruht meistens auf einem Kommunikationsproblem, denn beide Seiten gehen von falschen Voraussetzungen aus: Die Studierenden können nicht einschätzen, welches Leistungsniveau erwartet und wie ihre Arbeit bewertet wird, trauen sich aber nicht, ‚blöde' Fragen zu stellen, um nicht völlig ahnungslos zu scheinen (selbst wenn sie es sind). Dabei beantworten die meisten Dozent(inn)en gerne jede Frage. Das Nicken der Ahnungslosen aber führt dazu, dass die Lehrenden nicht bemerken, wie groß das Informationsdefizit tatsächlich ist. Da sie dutzende Studierende beraten müssen, können sie sich nur selten die Zeit nehmen, die für eine umfassende individuelle Betreuung notwendig ist.

Informationsdefizit beheben

Um solche Kommunikationsprobleme zu lösen, muss zunächst das Informationsdefizit der Studierenden behoben werden. Nur wenn Sie genau wissen, welche Art von Arbeit verlangt wird, und darüber hinaus die Bewertungskriterien sowie die Standards kennen, die für die geforderten Textsorten allgemein gelten, können Sie in der Sprechstunde die richtigen Fragen stellen und damit die knappe Kontaktzeit effizient nutzen, um das herauszufinden, was Ihnen nur Ihr(e) Dozent(in) sagen kann: Ist der Themenvorschlag realisierbar, stimmt die Gliederung und haben Sie die wichtigste Sekundärliteratur berücksichtigt?

Spielregel 1: Gut informiert sein!

Neben diesen fach- bzw. seminarspezifischen Anforderungen gibt es aber auch allgemein akzeptierte akademische Spielregeln und wissenschaftliche Standards. Zu diesen ‚Spielregeln' zählt erstens Eigenverantwortung. Im Gegensatz zur Schule, wo die Aufgabe der Lehrenden darin besteht, den zu erarbeitenden Stoff vorzugeben und vorzustrukturieren, sind Studierende angehalten, eigenständig zu arbeiten. In Bezug auf das akademische Schreiben bedeutet dies, dass erwartet wird, dass Studierende sich – etwa durch die Lektüre dieses Buches – bereits über die Grundlagen informiert haben, bevor sie spezifische Fragen in der Sprechstunde vorbringen.

Spielregel 2: Kontinuierlich arbeiten!

Zweitens gilt, dass die Erwartungshaltung mit der Semesterzahl ansteigt. Wie unten gezeigt wird (vgl. Abb. 2.2), orientieren sich die Anforderungen an studentische Arbeiten am Idealziel ‚wissenschaftlicher Forschungsbeitrag'. Zwar wird beim Umfang und der Komplexität der Themenstellungen sowie bei der Bewertung stets berücksichtigt, in welchem Studienabschnitt sich die Schreibenden befinden. Sehr gute Leistungen werden aber nur diejenigen erreichen, die sich nicht auf ihren Lorbeeren ausruhen, sondern kontinuierlich an der Vertiefung der Fachkenntnisse *und* der Verbesserung ihrer Schreibkompetenzen arbeiten: Mit der Semesterzahl steigen auch die Ansprüche an Struktur, Stil und Stringenz der Arbeiten, um nur drei Bereiche herauszugreifen.

Spielregel 3: Kommunizieren!

Die dritte Spielregel wurde bereits implizit genannt: Eine funktionierende Kommunikation zwischen Lehrenden und Studierenden ist die Voraussetzung für den Schreiberfolg. Für das Funktionieren sind natürlich beide Seiten gleichermaßen verantwortlich, doch da Sie im Studium stets die ‚Bringschuld' haben, liegt es an Ihnen, Ihre Informationsdefizite zu beseitigen, präzise Fragen zu formulieren und durch E-Mails (vgl. Kap. 3.2) und Sprechstundentermine eine professionelle Kommunikationssituation zu etablieren!

2 Schlüsselqualifikation Schreibkompetenz: Übergeordnete Lehrziele im Studium

1 Fachwissen vs. Schlüsselqualifikationen

Fachwissen

Ein Studium dient in erster Linie dazu, fachwissenschaftliche Kenntnisse in den gewählten Fächern zu erlangen. Dazu zählt neben Faktenwissen vor allem auch der eigenständige Umgang mit gängigen Theorien und Methoden zur systematischen Bearbeitung wissenschaftlich relevanter Fragestellungen. Hinzu kommen noch praktische Kenntnisse und Fertigkeiten, die man von Absolventen bestimmter Fachrichtungen neben der Kenntnis der Studieninhalte erwartet: Ein Anglist soll fließend Englisch sprechen, eine Musikwissenschaftlerin selbst Klavier spielen können.

Schlüsselqualifikationen

Neben den in Lehrveranstaltungen vermittelten Inhalten eignet man sich durch das Studium jedoch auch eine Reihe von Schlüsselqualifikationen an, die beim Berufseinstieg sogar von größerer Bedeutung sein können als disziplinäres Wissen. Zu diesen Schlüsselqualifikationen, Schlüsselkompetenzen oder Kernkompetenzen (die Begriffe werden synonym gebraucht), den übergeordneten Lehr- und Lernzielen des Studiums, zählen je nach Fachrichtung insbesondere Textkompetenz, didaktische Kompetenz, interkulturelle Kompetenz oder kommunikative Kompetenz.

TIPP

Für Initiativbewerbungen, Assessment Centers und Bewerbungsgespräche ist es sehr wichtig, sich über das eigene Kompetenzprofil im Klaren zu sein, denn nur dann wird man seine Qualitäten auch überzeugend vermitteln können. Dabei helfen z. B. die weiteren Bände dieser Reihe zu Kernkompetenzen im Studium, aber auch die Kurs- und Beratungsangebote der Hochschulteams der Agentur für Arbeit sowie der Career Services, die manche Universitäten zur Unterstützung der Studierenden eingerichtet haben.

2 *Soft skills:* Teilkomponenten von Schreibkompetenz

soft skills

Die Schlagworte ‚Schlüsselqualifikationen' (*soft skills*) und ‚Kernkompetenzen' sind heute aus der Debatte um Studieninhalte und -ziele nicht mehr wegzudenken. Dabei geht es nicht darum, einen vermeintlichen Bedeutungsverlust der Geistes-, Kultur- und Sozialwissenschaften durch neue, ‚weiche' Qualifikationen wie Empathie, Kommunikationskompetenz, Teamfähigkeit, Projekt-, Zeit- und Krisenmanagement, Strategien zur Stressbewältigung oder interkulturelle Kompetenz auszugleichen. Diese Kernkompetenzen sind nämlich für Studierende aller Fachrichtungen relevant, wie der von Kathryn L. Allen herausgegebene Ratgeber *Study Skills: A Student Survival Guide* (Sussex 2005) zeigt: Selbst am Institute of Cancer Research der University of London misst man den Kernkompetenzen besondere Bedeutung zu. Schließlich können sie bei vergleichbar qualifizierten Bewerber(inne)n um eine Stelle den Ausschlag für eine positive Entscheidung der Personalabteilung geben.

Status quo

Im Kontext der Einführung der BA-/MA-Studiengänge setzt sich auch an deutschen Hochschulen langsam die Erkenntnis durch, dass die Konkurrenzfähigkeit der neuen Studiengänge, die zunehmend um die besten Studierenden werben müssen, maßgeblich davon abhängt, dass die Vermittlung disziplinärer Inhalte in ein ganzheitliches Gesamtkonzept integriert ist. Das bedeutet, dass alle Teilfähigkeiten und -kompetenzen, die gute Studierende auszeichnen, auch in der Lehre bewusst und systematisch gefördert werden sollten. In der Praxis ist man jedoch von einem solchen Ansatz noch weit entfernt.

Selbstreflexion

Wie kann man sich diese wichtigen Kernkompetenzen bzw. Schlüsselqualifikationen dennoch aneignen? Die Antwort ist: Man tut es ständig unbewusst, indem man in der Lehrveranstaltung oder Sprechstunde Anregungen aufgreift, sich mit anderen Studierenden austauscht und durch langjähriges *learning by doing* praktische Erfahrungen sammelt. Die Voraussetzung für ein differenziertes Kompetenzprofil, das man auch in Bewerbungsschreiben selbstbewusst darstellen kann (und sollte), ist aber systematische und kontinuierliche Selbstreflexion: Wo liegen meine individuellen Stärken und Schwächen, woran muss und kann ich weiter arbeiten? Um das Bewusstsein für die Komplexität der wissenschaftlichen Textproduktion zu schärfen, fächert Abb. 2.1 die unterschiedlichen Bestandteile von Schreibkompetenz auf:

Abb. 2.1: Bestandteile von Schreibkompetenz

Schreibkompetenz

Die Graphik verdeutlicht, welche Fähigkeiten beim Schreiben erforderlich sind bzw. durch das Schreiben gefördert werden. Wer im Studium erfolgreich wissenschaftlich schreiben lernen will, muss also rechtzeitig planen (Kap. 6.2), gründlich recherchieren (Kap. 5.4.1), professionell kommunizieren (Kap. 3.2), systematisch strukturieren (Kap. 5.3), wissenschaftlich denken (Kap. 4.3), nachvollziehbar argumentieren (Kap. 5.5.1), präzise formulieren (Kap. 5.5.3), konstruktiv kritisieren (Kap. 6.4), sicher präsentieren (Kap. 3.6) und dabei stets eigenständig arbeiten. Gerade in den ersten Semestern fühlen sich Studierende angesichts der Vielzahl der Anforderungen oft überfordert. Niemand erwartet jedoch, dass Sie alles bereits perfekt beherrschen. Schließlich besteht ein wichtiges Ziel des Studiums ja darin, diese Teilkompetenzen durch ständige Übung zu perfektionieren. Wie sich die Leistungsanforderungen im Bereich des Schreibens vom Studienbeginn bis zum Studienabschluss verändern, zeigt der nächste Abschnitt.

3 Erwartungshaltung: Wissenschaftliches vs. akademisches Schreiben

Wissenschaftliches Schreiben

Die Schreibforschung unterscheidet zwischen wissenschaftlichem und akademischem Schreiben (vgl. JAKOBS 1999, DITTMANN u.a. in EHLICH/STEETS 2003). Texte (Dissertationen, Habilitationen, Zeitschriftenartikel, Monographien, Sammelbände) sind das zentrale Medium wissenschaftlicher Kommunikation: Mit ihrer Hilfe werden neue Erkenntnisse der Fachwelt zugänglich gemacht, Thesen zur Diskussion gestellt oder programmatische Positionen begründet und kritisiert. An studentische Arbeiten kann man natürlich nicht dieselben strengen Bewertungskriterien anlegen wie an zur Publikation vorgesehene Forschungsarbeiten. Das Fernziel des Schreibens im Studium ist zwar wissenschaftliche Schreibkompetenz, letztere wird aber erst am Ende des Studiums erreicht. Der lange Weg dorthin führt über verschiedene Stationen des akademischen Schreibens.

Akademisches Schreiben

Unter akademischem Schreiben versteht man die langfristige Hinführung zum wissenschaftlichen Schreiben und den Techniken wissenschaftlicher Kommunikation. Was während des Studiums beim Anfertigen schriftlicher Arbeiten erlernt und geübt werden soll, ist die Fähigkeit zum kritischen Umgang mit wissenschaftlicher Literatur und zur eigenen Produktion von gut strukturierten Texten. Akademisches Schreiben ist ein wesentlicher Bestandteil der wissenschaftlichen Sozialisation: Die Studierenden sollen lernen, wissenschaftlich zu denken, zu argumentieren und zu kommunizieren, sich also an den Standards und Konventionen wissenschaftlicher Textproduktion zu *orientieren*. Zu diesem Zweck werden sie im Studium mit einer Vielzahl akademischer Textsorten konfrontiert (vgl. Kap. 3). Im Mittelpunkt akademischen Schreibens steht nicht die Vollständigkeit des Überblicks über die für das Thema relevante Sekundärliteratur oder die Originalität der gewonnenen Erkenntnisse (so etwas wird erst in Doktorarbeiten verlangt), sondern die Fähigkeit, sich wissenschaftliche Denk- und

Argumentationsweisen (vgl. Kap. 4.3) sowie einen Stil anzueignen, der wissenschaftlichen Gepflogenheiten entspricht (vgl. Kap. 5.5).

Sechs Kompetenzen

DITTMANN u.a. (in EHLICH/STEETS 2003: 157–159) differenzieren sechs Kernkompetenzen, die beim akademischen Schreiben von zentraler Bedeutung sind:

1. **Sprachliche Kompetenz**, d.h. die grammatikalisch und orthographisch sichere Beherrschung der Schriftsprache,
2. **Textsortenkompetenz**, d.h. die Kenntnis der spezifischen Regeln unterschiedlicher akademischer bzw. wissenschaftlicher Textsorten,
3. **Stilkompetenz**, d.h. die Fähigkeit, Texte entsprechend wissenschaftlicher Gepflogenheiten zu formulieren,
4. **Rhetorische Kompetenz**, d.h. die logische Strukturierung einer Argumentation,
5. **Intertextuelle Kompetenz**, d.h. das Herstellen von Bezügen zwischen Texten oder Textsorten, z.B. bei einem Forschungsüberblick oder einer Typologie sowie
6. **Lese- und Rezeptionskompetenz**, d.h. kritisches und analytisches Lesen, als Voraussetzung für einen kompetenten Umgang mit Sekundärliteratur.

Entwicklung

Diese Kompetenzen zu entwickeln braucht Zeit, doch genau die ist im Studium knapp. Der Ausgangspunkt ist klar definiert: Erwartet wird eine sichere Beherrschung der deutschen Sprache (in manchen Fächern auch einer Fremdsprache). Dies schließt die Fähigkeit ein, sich so differenziert auszudrücken, dass auch komplexe Sachverhalte dargelegt werden können. Das ist schon eine ganze Menge, jedenfalls mehr, als viele Studierende aus der Schule mitbringen. Nach der Einführungsphase im Grundstudium sollten die Studierenden bereits mit zentralen Fachbegriffen und wissenschaftlichen Kommunikationsregeln vertraut sein und diese in eigenen Texten anwenden können.

Abschlussphase

In der Endphase des Studiums, abgeschlossen durch die Abgabe der fertigen Abschlussarbeit, verschmelzen akademisches und wissenschaftliches Schreiben: Die Textsorte ist noch akademisch, aber hinsichtlich der Informationsaufbereitung, Argumentation und Sprache wird bereits ein professionelles Niveau erwartet. Die Textsorten des Grundstudiums (Klausuren, Referate, Essays, Proseminararbeiten) haben also noch einen vorbereitenden Charakter, während Hauptseminararbeiten vom Niveau her bereits eher zur (stark verkürzten) Abschlussarbeit tendieren (sollten) als zu einer lediglich umfangreicheren Proseminararbeit. Die folgende Abbildung 2.2 veranschaulicht diese Entwicklung:

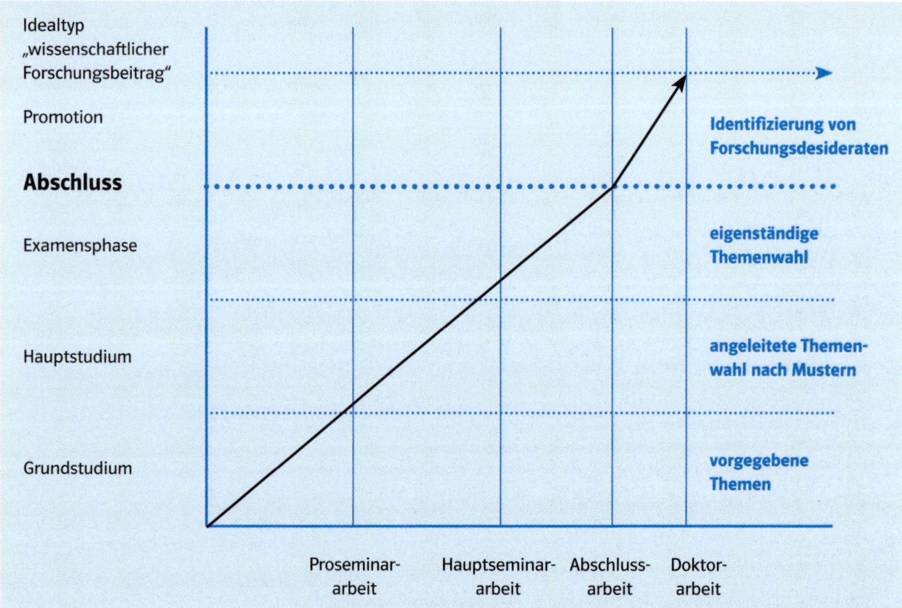

Abb. 2.2: Anstieg der Erwartungen vom Grundstudium bis zur Promotion

Zielsetzung

Die ansteigende Kurve soll nicht entmutigen, denn bei kontinuierlicher Arbeit wachsen die Kompetenzen erfahrungsgemäß schon schnell genug mit – regelmäßiges Training ist allerdings, wie beim Sport, die Voraussetzung: Schreiben kann man nur schreibend lernen (vgl. Pospiech 2005). Die Kurve soll daher anspornen, sich schon beim Studienbeginn klarzumachen, was in späteren Semestern verlangt werden wird, und die eigenen Schreibhandlungen (vgl. Kap. 5.5.1) bereits auf dieses Ziel hin auszurichten. Als Orientierungshilfe finden Sie im letzten Abschnitt dieses Kapitels eine Tabelle, die die konkreten Bewertungskriterien zusammenfasst, die normalerweise der Beurteilung von Studienarbeiten zugrunde gelegt werden.

3 Der Kriterienkatalog: Worauf wird bei der Korrektur geachtet?

1 Wie Studienarbeiten bewertet werden?

Maßstäbe

Nach der ausführlichen Diskussion von Schlüsselkompetenzen stellt sich die Frage, wie man von solchen übergeordneten Lehrzielen zu konkreten und transparenten Bewertungskriterien gelangt. Wie werden die genannten Kompetenzen eigentlich evaluiert? Auch wenn jede(r) Dozent(in) letztlich selbst darüber entscheidet, welche Kriterien wie gewichtet und welche Standards von Studierenden erwartet werden, gibt es natürlich Kategorien und Kriterien, die fächerübergreifend bewertungsrelevant sind. Die folgende Übersicht kann auch als Checkliste für die Qualitätskontrolle der eigenen Arbeit dienen:

CHECKLISTE

✔ **Projekt**
- ✔ Abgabefrist eingehalten?
- ✔ Fernleihen rechtzeitig durchgeführt?
- ✔ Anforderungen (Textsorte, Umfang) erfüllt?
- ✔ Eventuelle zusätzliche Absprachen eingehalten?

✔ **Recherche & Material**
- ✔ Unterschiedliche Recherchewege genutzt?
- ✔ Forschungsbericht auf aktuellem Stand?
- ✔ Selektionskriterien offen gelegt und sinnvoll gewählt?
- ✔ Materialbasis ausreichend?

✔ **Argumentation**
- ✔ Durch den Titel geweckte Erwartungen erfüllt (oder evtl. Thema verfehlt)?
- ✔ Das Thema in seinen Nuancen erfasst?
- ✔ Konzeptionelle Fähigkeiten unter Beweis gestellt?
- ✔ Sicheren Umgang mit Konzepten und Theorien nachgewiesen?
- ✔ Gesamtanlage/Theoriedesign überzeugend und kohärent?
- ✔ Problembewusstsein gezeigt?
- ✔ Fachbegriffe definiert?
- ✔ Eigenständigen Gedankengang entwickelt?
- ✔ Grad an Redundanz/ Wiederholung vertretbar?
- ✔ Verhältnis von eigenem Text und zitierter Literatur ausgewogen?
- ✔ Zitierte Sekundärliteratur richtig verstanden?
- ✔ Daten/Quellen/Primärtexte nachvollziehbar analysiert/ interpretiert?

✔ **Sprache**
- ✔ Ausdrucksfähigkeit und Ausdrucksspektrum dem Studienabschnitt entsprechend?
- ✔ Grammatikalische und syntaktische Fehler beseitigt?
- ✔ Fachtermini und Fremdwörter sachlich richtig und in angemessenem Umgang verwendet?
- ✔ Rechtschreibung und Zeichensetzung überprüft?

✔ **Formalia**
- ✔ Gattungskonventionen beachtet?
- ✔ Alle Zitate als Zitate gekennzeichnet und belegt?
- ✔ Zitierweise korrekt?
- ✔ Formatierung (Text, Zitate, Überschriften, Literaturangaben) einheitlich?

Abb. 2.3: Bewertungskriterien (Übersicht)

Verwendungszweck

Diese differenzierte Aufschlüsselung der Bewertungskriterien soll keinesfalls suggerieren, dass man in allen Bereichen alles richtig machen muss, um eine sehr gute Note zu bekommen. Selbst professionelle Arbeiten weisen bei kritischer Überprüfung nicht selten einige Mängel auf. Die Tabelle soll Ihnen vielmehr dabei helfen, beim Schreiben auf das Wesentliche zu achten. Auch wenn Sie sich die Übersicht nur über den Schreibtisch hängen und ab und zu einen Blick darauf werfen, werden Ihnen die Kriterien früher oder später so vertraut sein, dass Sie damit beginnen werden, sie bei der Lektüre von Sekundärliteratur selbst als Maßstab zur Beurteilung anzulegen. Von dort bis zur Berücksichtigung der Kriterien bei der eigenen Textproduktion ist es nur noch ein kleiner, wenn auch in der Praxis oftmals sehr schwieriger Schritt.

Gewichtung

Wie die unterschiedlichen Bewertungskriterien gewichtet werden, entscheidet letztlich Ihr(e) Dozent(in). Manche Lehrende legen größeren Wert auf die theoretische Fundierung der Arbeit, anderen ist die Arbeit mit den Quellen oder Primärtexten besonders wichtig. Die Liste der Bewertungskriterien gibt Ihnen einen Leistungskatalog an die Hand, mit dessen Hilfe Sie anhand der Strukturierung der Seminare, der angebotenen Themenlisten, der im Seminar gemachten Angaben zu den Anforderungen für schriftliche Arbeiten und mit zusätzlichen Informationen aus der Sprechstunde eine (personen- bzw. seminarspezifische) Rangliste erstellen können: Worauf muss unbedingt geachtet werden?

2 Originalität und Eigenständigkeit

Originalität

Bei Studienarbeiten ist die Originalität der Argumentation weniger wichtig als die Erfüllung der formalen Anforderungen der jeweiligen Textsorte und der Nachweis, dass die Literaturrecherche und -auswertung wissenschaftlichen Standards entsprechen (vgl. Kap. 5.4). Schließlich weiß Ihr(e) Dozent(in) in den allermeisten Fällen ohnehin mehr als Sie, so dass Sie ihn bzw. sie kaum mit völlig neuen Erkenntnissen überraschen dürften. Dennoch werden immer Eigenständigkeit bzw. eigenständige Argumentationen oder Gedankengänge verlangt, ein äußerst vages Kriterium, über das sich Studierende zu Recht oft den Kopf zerbrechen.

Ghostwriter?

Im Internet bieten professionelle Autor(inn)en ihre Dienste als sog. Ghostwriter an. Der Deal scheint zunächst verlockend: Jemand schreibt gegen Bezahlung Ihre Seminar- oder Abschlussarbeit. Was kann denn schon passieren? Eine ganze Menge! Erstens ist die Wahrscheinlichkeit sehr groß, dass es auffällt, wenn Sie plötzlich zum Schreibprofi mutieren. Zweitens ist zudem die Wahrscheinlichkeit sehr groß, dass die gekaufte Arbeit den spezifischen Anforderungen des Seminars – der Rangliste (s.o.), die nur ‚Insider', d.h. aufmerksame Seminarteilnehmer(innen), kennen – nicht entspricht und daher ohnehin sehr schlecht bewertet wird.

Konsequenzen

Auch wenn Ghostwriter im Internet beteuern, dass ihre Leistung nicht gesetzeswidrig ist, ändert dies nichts daran, dass man im Studium ausschließlich selbst erbrachte Arbeiten im eigenen Namen einreichen darf. Neben möglichen rechtlichen Konsequenzen sind auch die praktischen Folgen zu bedenken: Wer beim ‚Fremdgehen' erwischt wird, wird künftig nicht nur besonders streng geprüft und bewertet werden, sondern muss auch damit rechnen, dass sich der/die betroffene Dozent(in) weigert, überhaupt noch eine Arbeit anzunehmen. Denn solche Delikte sind gravierende Verstöße gegen die Regeln guter wissenschaftlicher Praxis.

Plagiat

Mit dem *ghostwriting* eng verwandt ist das – ebenso unzulässige – Plagiat. Hierbei schreibt man den Text zwar selbst, übernimmt aber die gesamte Argumentation oder sogar wörtliche Passagen aus der Sekundärliteratur, ohne dies durch Zitatbelege zu kennzeichnen. Auch eine ‚umgearbeitete' fremde Haus- oder Abschlussarbeit (die man auf einschlägigen Seiten im Internet finden kann) ist ein Plagiat, selbst wenn Original und Überarbeitung nicht mehr wortidentisch sind. Erfahrene Lehrende merken sehr schnell, ob ein Text ein Plagiat ist.

Syntheseleistung

Der formale Unterschied zwischen Plagiaten und Arbeiten, die fremde Texte wissenschaftlich korrekt zitieren, liegt in der Kennzeichnung der Quelle. Qualitativ unterscheiden sich Plagiate und ordnungsgemäße Arbeiten durch die (im ersten Fall fehlende) Syntheseleistung: Diese besteht in der Auswahl und Kombination der zitierten Quellen und deren argumentativer Einbindung in einen selbst entwickelten Gedankengang. Wenn hingegen die ganze Seminararbeit weitgehend aus aneinander gefügten Zitaten besteht, die in dieser Reihenfolge aus einem anderen Werk übernommen sind, kann von einer Synthese nicht die Rede sein. Schließlich beschränkt sich der ‚eigenständige' Beitrag auf eine reine Kopierarbeit – und um die gut zu machen, muss man nicht studieren.

„Wissenschaft ist ohne geschriebene Texte nicht denkbar. Schreiben ist für die Wissenschaft eine konstituierende Handlung, und Hochschulsozialisation ist in großem Maße Schreib- und Sprachsozialisation.“ (KRUSE/JAKOBS in KRUSE et al. 1999: 20)

1 Text, Kontext und Textsorte: Grundbegriffe

Texte

Wissenschaftliche Kommunikation ist Kommunikation mit Hilfe von Texten über Texte, und diese Textzentriertheit charakterisiert auch das Studium: Lehrveranstaltungen basieren auf Texten (der Kurslektüre und dem Semesterapparat), sind um Texte herum strukturiert (das, was in der jeweiligen Sitzung bzw. in einzelnen Referaten besprochen wird) und produzieren zahlreiche weitere Texte (Tafelbilder, Folien, Mitschriften, Handouts, ausgearbeitete Referate, Seminararbeiten, Evaluationsbögen und jede Menge E-Mail-Korrespondenz). Grund genug, sich einmal darüber klar zu werden, um was es da eigentlich die ganze Zeit geht: Was ist ein Text? Wozu dient er? Wie und warum erzeugen Texte Sinn? Worin besteht die besondere Funktion studentischer Arbeiten?

Definition

Als ‚Text‘ wird ganz allgemein eine Abfolge sprachlicher Äußerungen bezeichnet, die eine Einheit bilden. Das Wort Text (von lat. *texere*: weben; *textum*: das Gewebe) verweist in seiner ursprünglichen Bedeutung auf eine zentrale Eigenschaft von schriftlichen Dokumenten: Alle Elemente eines Textes sind eng miteinander verbunden. Texte lassen sich in kleinere, miteinander verknüpfte Einheiten untergliedern (z. B. Absätze, Sätze, Wörter). Je transparenter und kohärenter die Verknüpfungen zwischen den einzelnen Bestandteilen sind, desto wahrscheinlicher ist es, dass der wissenschaftliche Text so verstanden wird, wie er gemeint war. Durch ihr Streben nach Präzision und Nachvollziehbarkeit unterscheiden sich wissenschaftliche Texte z. B. grundlegend von literarischen Texten: Sie wollen den Bedeutungsspielraum der Sprache so weit wie möglich einengen.

Informationsvermittlung

Das ist jedoch schwieriger als man denkt. Kognitive Ansätze in der Linguistik und Literaturwissenschaft haben schon lange nachgewiesen, dass Texte nicht als Container aufgefasst werden können, die ihren Sinn in Sprache verpackt in sich tragen. Weil Wörter mehrdeutig sein können und grammatikalische oder lexikalische Verknüpfungen nicht lückenlos sind, entstehen vielmehr in literarischen, aber auch in nicht-literarischen Texten sog. ‚Leerstellen‘, d. h. semantische Unbestimmtheiten, die eine Sinnerzeugung durch den/die Leser(in) aktivieren. Einfach ausgedrückt: Ein Text kann (wie auch gesprochene Sprache) anders aufgefasst werden, als er eigentlich gemeint war.

Bedeutungskonstitution

Genau genommen ‚hat‘ der Text nicht eine bestimmte Bedeutung, sondern seine Bedeutung wird ihm auf der Grundlage der textuellen Zeichen beim

Lesen zugeschrieben. Dies geschieht immer wieder neu und ist von historischen und kulturellen Gegebenheiten abhängig. Wie kommt es aber, dass unterschiedliche Leser(innen) trotzdem zu einigermaßen einheitlichen Ergebnissen gelangen?

Kontext

Ausschlaggebend ist der Kontext, in dem der Text rezipiert wird. Zwei Aspekte sind dabei besonders relevant: Das Vorwissen der Rezipient(inn)en und die intertextuellen Bezüge des Textes zu anderen Texten. Welche Rolle das Vorwissen für die Bedeutungskonstitution spielt, zeigen die Reaktionen Fachfremder auf eine wissenschaftliche Arbeit: Diese sind oft von völligem Unverständnis geprägt. Ein(e) Fachvertreter(in) hingegen wird den Inhalt problemlos verstehen und in die Fachdiskussion einordnen können.

Konventionen

Damit dies gelingt, muss der Text eine bestimmte Ähnlichkeitsrelation zu anderen Texten der gleichen Art aufweisen. Wenn Sie Ihre wissenschaftliche Argumentation in unüblicher Form, etwa als Rätsel oder literarische Erzählung, präsentieren, wird auch ein Profi Schwierigkeiten haben, das Gelesene zu- und einzuordnen. Aus diesem Grunde kommt der Kenntnis der spezifischen Konventionen wissenschaftlicher Kommunikation eine nicht zu unterschätzende Bedeutung zu. Ein Beispiel mag dies verdeutlichen: Es ist völlig unüblich, in einer wissenschaftlichen Arbeit Ironie zu verwenden, da wissenschaftliche Kommunikation ja darauf abzielt, die Dinge möglichst eindeutig zu benennen und potentielle Missverständnisse nach Möglichkeit auszuschließen.

TIPP

Ausführlichere Definitionen zentraler Fachtermini wie Genre, Leerstelle, Text, Kontext, Textsorte sowie zahlreicher weiterer für das Schreiben wichtiger Grundbegriffe finden sich in dem von Klaus Weimar, Harald Fricke und Jan-Dirk Müller herausgegebenen dreibändigen ***Reallexikon der deutschen Literaturwissenschaft*** *sowie dem von Ansgar Nünning herausgegebenen* ***Metzler Lexikon Literatur- und Kulturtheorie: Ansätze – Personen – Grundbegriffe.*** *Beide Nachschlagewerke bieten auch weiterführende Literaturangaben.*

Textsorte

Gruppen von Texten mit gemeinsamen Merkmalen bzw. Konventionen bezeichnet man traditionell als Gattungen oder Genres. Aus der Linguistik stammt das weitgehend synonyme, allerdings weniger mit literarischen Texten in Verbindung gebrachte und daher neutralere Konzept der Textsorte. Wie der Begriff bereits impliziert, geht es darum, Texte nach bestimmten Kategorien zu ‚sortieren' oder einzuordnen. Zur systematischen Abgrenzung dienen die Kriterien der externen und internen Funktionen von Texten. Darunter fallen pragmatische Aspekte (der Verwendungszusammenhang bzw. kommunikative Kontext) auf der einen und textinterne Gliederungs- oder Argumentationsstrukturen auf der anderen Seite.

Adressat

Normalerweise richten sich Texte an eine Ziel*gruppe* (eine Ausnahme ist private Korrespondenz, z. B. der Liebesbrief), während studentische Arbeiten zunächst einmal für eine Ziel*person*, den Dozenten, geschrieben sind. Im Gegensatz zum Adressaten eines Liebesbriefs fungiert diese Person aber nicht als alleinige(r) Empfänger(in) eines individuell auf sie zugeschnittenen Inhalts (mit dem keine andere Person etwas anfangen könnte, außer vielleicht ein voyeuristisches Interesse zu befriedigen), sondern als Repräsentant(in) einer Gruppe, der so genannten *scientific community*. Da unter Wissenschaftler(inne)n weitgehend Einigkeit über die für studentische Arbeiten geltenden Standards herrscht, gibt es also – anders als beim Liebesbrief – die Möglichkeit, im Falle einer als ungerecht empfundenen Bewertung eine zweite Meinung zur Objektivierung des Urteils einzuholen.

Intersubjektive Nachvollziehbarkeit

Natürlich ist die *scientific community* aller Objektivität zum Trotz in erster Linie eine menschliche Gemeinschaft. Daher muss man in unterschiedlichen Fächern und bei unterschiedlichen Lehrenden jeweils spezifische theoretische und formale Vorgaben berücksichtigen. Solche Differenzen spiegeln unterschiedliche Fachkulturen oder auch persönliche Vorlieben der Lehrenden wider. Generell kann man jedoch sagen, dass die Gattungskonventionen (s.u.) und Bewertungskriterien (vgl. Kap. 2.3) für ein hohes Maß an intersubjektiver Nachvollziehbarkeit und Transparenz sorgen, das die Vergleichbarkeit unterschiedlicher Arbeiten und die Nachvollziehbarkeit von Benotungen ermöglicht.
In den folgenden Abschnitten werden zunächst die Konventionen für E-Mails, Mitschriften und Exzerpte, Seminarprotokolle, Klausuren, Referate mit schriftlicher Ausarbeitung, Essays, Seminararbeiten, Praktikumsberichte, Bachelorarbeiten sowie MA- bzw. Magister- und Staatsexamensarbeiten erläutert.

2 E-Mails und sonstige Korrespondenz

Kommunikation

Im Universitätsalltag müssen Sie mit Ihren Dozent(inn)en kommunizieren, und das geschieht heute weitgehend über E-Mail. Die meisten Studierenden sind mit diesem Medium aus dem Alltag so vertraut, dass sie sich nicht viele Gedanken darüber machen, wie sie es verwenden. Will man aber einen guten Eindruck hinterlassen (und das sollte neben dem eigentlichen Schreibanlass immer auch ein Ziel von Kommunikation im Berufsleben sein), gilt es eine Reihe einfacher, aber wichtiger Regeln zu beachten.

Adresse

Professionelle E-Mail-Kommunikation beginnt mit einer professionellen Adresse. Legen Sie sich nach Möglichkeit beim Rechenzentrum einen Account zu, so dass man sofort sehen kann, dass Sie an der Universität studieren. Falls Sie sich für einen anderen Anbieter (nach Möglichkeit einen Provider, der keine Werbung an E-Mails anhängt) entscheiden, wählen Sie eine professionelle Adresse, am besten eine Kombination aus Vor- und Nachnamen (sodass sich bei Bedarf auch gezielt danach suchen lässt). Privat können Sie sich mit Phantasienamen austoben, aber die Partymaus@xxx.de oder den Sonnengott@yyy.net wird kaum ein(e) Dozent(in) besonders ernst nehmen (das gilt auch für E-Mails mit Gimmicks wie Pinselschrift, farbig unterlegten Layouts oder tanzenden Emoticons!) Übrigens: Zahlenkombinationen wie 1234@xxx.com landen bei entsprechender Filterung automatisch im Spam-Ordner; und wenn Sie eine fremde Adresse benutzen, die dem/der Empfänger(in) unbekannt ist, riskieren Sie, dass diese E-Mail nicht prioritär behandelt wird.

Betreff

Die Betreffzeile ist dazu da, um kurz und bündig das Anliegen vorwegzunehmen. Schreiben Sie hier (wie auch im Haupttext) keine Romane, aber lassen Sie das Feld auch nicht leer. Denken Sie daran, dass die Lehrenden meist mehrere Seminare mit zahlreichen Studierenden unterrichten und insbesondere in Stoßzeiten am Semesteranfang und -ende dutzende von Anfragen täglich bekommen. Eine E-Mail zum Thema „Wintersemester" lässt sich nicht zuordnen. Je präziser die Angabe, desto größer ist die Wahrscheinlichkeit, dass Ihre E-Mail im Posteingang wahrgenommen und zeitnah beantwortet wird.

Vorsicht!

Das informelle Format der E-Mail suggeriert, dass es hier auf Rechtschreibung und Zeichensetzung nicht so sehr ankommt. Das Gegenteil ist der Fall! Ihre E-Mail ist eine elektronische Visitenkarte – ist sie schlecht formuliert, prägt dies das Bild, das Ihr(e) Dozent(in) von Ihnen bekommt. Schreiben Sie auch nie unmittelbar, nachdem Sie sich besonders über etwas geärgert oder gefreut haben. Unverschämte oder übereuphorische E-Mails wirken gleichermaßen unprofessionell. Schlafen Sie eine Nacht darüber und/oder lassen Sie vor dem Absenden jemanden lesen, was Sie geschrieben haben. Und denken Sie daran: Das beste Feedback ist konstruktive Kritik!

Anhänge

Wenn Sie *attachments* verschicken, gilt die Regel: Weniger ist mehr. Anstatt also Deckblatt, Inhaltsverzeichnis, Einleitung, Text und Literaturverzeichnis einer Hausarbeit separat anzuhängen, empfiehlt es sich, ein Gesamtdokument zu erstellen, so dass der/die Empfänger(in) so wenig Mühe wie möglich damit hat. Am besten wählen Sie hierfür das PDF-Format, da sich dann die Seitenumbrüche (in Word-Dokumenten vom Druckertreiber abhängig) beim Ausdruck nicht mehr ändern können. In der Regel sind Ihnen die Mitarbeiter des CIP-Raums oder des HRZ gerne bei der Konvertierung behilflich. Falls Ihnen das zu aufwendig ist, reicht aber auch eine Datei im Word-Format. Drei Hinweise zum Abschluss: Denken Sie erstens an einen aussagekräftigen Dateinamen und zweitens daran, immer zu überprüfen, ob Sie Ihren Anhang tatsächlich mit verschickt haben. Drittens sollten Sie vor dem Versenden Ihre Anhänge stets durch einen Virenscanner prüfen lassen.

> **TIPP**
> *Legen Sie in Ihrem Mailprogramm Unterordner an, in denen Sie die Korrespondenz mit Dozent(inn)en abspeichern. Auf diese Weise können Sie später individuelle Absprachen dokumentieren (z. B. Abmachungen über Abgabefristen oder Zusagen über die Anrechenbarkeit eines Seminars für einen bestimmten Modultyp). Das kann insbesondere dann wichtig werden, wenn bei der Anmeldung zur Abschlussprüfung Probleme auftreten, Ihr(e) Dozent(in) aber nicht mehr an der Hochschule tätig ist bzw. sich nicht mehr an die Vereinbarung erinnern kann.*

3 Mitschriften und Exzerpte

Zweck

Im Gegensatz zu den anderen im Folgenden vorgestellten Textsorten sind Mitschriften von Lehrveranstaltungen und Exzerpte wissenschaftlicher Texte kein Mittel zur Leistungsüberprüfung, sondern helfen Ihnen, das in der Vorlesung, im Seminar oder im Selbststudium erworbene Wissen zu strukturieren und zu archivieren. Diese Strukturierungs- und Archivierungsleistung ist kein Selbstzweck: Sie dient der Ermittlung, Sammlung und Verarbeitung des Seminarstoffs sowie der Vorbereitung und Fundierung schriftlicher Arbeiten.

Wissensaneignung

Der Erwerb von Fachkenntnissen und die Anfertigung solcher persönlicher Notizen hängen eng zusammen. Das Mitschreiben und Exzerpieren gilt in der Lernforschung als eine zentrale Methode der Aneignung von Wissen und ist aus mindestens drei Gründen zu empfehlen:

1. Selbst angefertigte schriftliche Aufzeichnungen und eine ordentliche Ablage sind eine hervorragende Gedächtnisstütze.
2. Mitschriften und Exzerpte erleichtern die systematische Vorbereitung auf eine Klausur oder mündliche (Examens-)Prüfung.
3. Ihre Notizen ermöglichen es Ihnen, die Lehrveranstaltung systematisch nachzubereiten, d.h. den vermittelten Stoff zu Hause noch einmal durchzugehen, die im Seminar genannten Literaturhinweise nachzuverfolgen und ggf. Unklarheiten durch eigene Recherche oder durch gezieltes Nachfragen zu beseitigen.

Höchstleistung

Eine gute Mitschrift, die diese Funktion erfüllt, setzt voraus, dass Sie unter Zeitdruck Höchstleistungen erbringen können: Konzentriertes Zuhören und die gleichzeitige schriftliche Systematisierung des Gehörten erfordern „die mentale Dissoziierung zwischen unterschiedlichen kommunikativen Aufgaben“ (Ehlich in Ehlich/Steets 2003: 19). Wenn das Mitgeschriebene, also etwa der Vortrag in einer Vorlesung, nicht transparent strukturiert ist, müssen Sie zugleich auch noch eine Syntheseleistung erbringen. Ansonsten sind Ihre Notizen schon nach kurzer Zeit wertlos.

Auswahl

Eine Mitschrift lässt sich am ehesten mit einem Protokoll vergleichen. Wichtig ist, dass es sich dabei nicht um ein Verlaufs-, sondern um ein Ergebnisprotokoll (s. u.) handeln sollte. Versuchen Sie, sich auf das Wesentliche zu konzentrieren (z. B. Tafelbilder, Folien, Begriffsexplikationen, Literaturhinweise, Namen, Daten) und dabei insbesondere die Struktur der Vorlesung, des Referats oder des Unterrichtsgesprächs in Stichpunkten festzuhalten.

Aufschreibeverfahren

Anstatt ganze Sätze mitzuschreiben, sollten Sie Stichworte, Aufzählungszeichen, Abkürzungen und Symbole benutzen. Komplexe Argumentationen und Gedankengänge können Sie mit Hilfe einfacher Visualisierungstechniken (Unterstreichungen oder Pfeile) festhalten. Am effektivsten ist es, ein individuellen Vorlieben angepasstes Aufschreibeverfahren und -system zu entwickeln, das spezielle Piktogramme und Verweisembleme umfasst (vgl. EHLICH in EHLICH/STEETS 2003: 19) und auch beim Verfassen von Exzerpten und anderen Texten genutzt werden kann. Ein solches Aufschreibesystem hilft Ihnen, sich schneller in ihren Unterlagen zurechtzufinden. Wichtig ist auch, die Seiten zu nummerieren, falls Sie einzelne Blätter oder Blöcke mit heraustrennbaren Blättern verwenden.

Nachbereitung

Visualisierungstechniken erleichtern es Ihnen auch, die Mitschrift im Nachhinein zu überprüfen und ggf. zu präzisieren und zu vervollständigen. Sicher werden Sie dabei auf Inkonsistenzen stoßen (z. B. unvollständige Aufzählungen oder Diskrepanzen zwischen den zu Beginn der Sitzung formulierten Lehrzielen und den tatsächlich vermittelten Inhalten), die natürlich auf Ihre Unachtsamkeit zurückzuführen sein können. Häufig entsprechen sie aber auch dem tatsächlichen Seminarverlauf, wenn die Lehrenden aufgrund von Zeitmangel oder dem Feedback der Studierenden von ihrem Skript abweichen. Fragen Sie in solchen Fällen ruhig nach, z. B. vor Beginn oder nach Ende der nächsten Sitzung, oder auch in der Sprechstunde. Die für die Nachbereitung nötige Zeit sollten Sie sich immer nehmen, denn durch die Überarbeitung steigt die Qualität Ihrer Notizen und damit deren Brauchbarkeit als Arbeitsgrundlage für Klausur- oder Prüfungsvorbereitungen beträchtlich.

TIPP

*Ebenso wichtig wie die Qualität der Notizen ist eine professionelle **Ablage**. Damit Sie alles im Bedarfsfall schnell wieder finden, sollten Sie Mitschriften abtippen (möglichst ein einheitliches Layout verwenden) und elektronisch speichern (Überordner: Mitschriften; Unterordner: Kurztitel der Veranstaltung, einzelne Sitzungen mit Datumsangabe; auf einheitliche Dateinamen achten!). Besonders empfehlenswert ist auch das Abspeichern kürzerer Anmerkungen und Exzerpte als Kommentar in einer Literaturdatenbank wie Citavi Free (vgl. Kap. 5.4.1).*

4 Protokoll

Seminarprotokoll

Im Gegensatz zur persönlichen Mitschrift, die der individuellen Nachbereitung einer Lehrveranstaltung dient, sind Seminarprotokolle Teil der zu erbringenden Leistungen. Von der Möglichkeit des Protokolls wird z.B. dann Gebrauch gemacht, wenn ein Kurs so groß ist, dass nicht alle Teilnehmenden ein eigenes Referat halten können. Häufig sind die wegen ihrer dokumentarischen Funktion geschätzten Protokolle aber auch fester Bestandteil des Anforderungskatalogs. Generell unterscheidet man Verlaufs- und Ergebnisprotokolle. Verlaufsprotokolle dokumentieren nicht nur, *was* gesagt wurde, sondern auch *von wem*, sie geben also Auskunft über Inhalt *und* Ablauf einer Veranstaltung. Wichtige Äußerungen, etwa Definitionen oder Thesen, werden nach Möglichkeit wörtlich protokolliert, und auch Tafelanschriften oder Folien sollten originalgetreu mit abgebildet werden.

Ergebnisprotokoll

Üblicher ist allerdings das weniger aufwendige Ergebnisprotokoll, das nur den Inhalt bzw. die wichtigsten Ergebnisse, nicht aber den Ablauf einer Veranstaltung wiedergibt. Wenn Ihr(e) Dozent(in) keine weiteren Angaben macht, können Sie immer davon ausgehen, dass diese Art der Mitschrift verlangt wird. Anders als beim Verlaufsprotokoll werden hier die Inhalte zudem ausgewählt, d.h. Exkurse oder spontane Diskussionen über Nebensächlichkeiten werden nicht in das Protokoll aufgenommen. Im Vordergrund steht also der thematische Fokus der Veranstaltung. Für alle Protokolle gilt, dass eigene Meinungen der/des Protokollierenden, wenn sie überhaupt aufgenommen werden, unbedingt als solche kenntlich zu machen sind. Die Leistung besteht bei dieser Textsorte nicht darin, selbst zu den Inhalten Stellung zu nehmen, sondern das Wesentliche vom Nebensächlichen zu unterscheiden, möglichst übersichtlich zu strukturieren und prägnant wiederzugeben.

TIPP

Versuchen Sie, abwesenden Kommiliton(inn)en ein komplettes Bild von der Veranstaltung zu vermitteln. Irrelevant ist, in welcher Reihenfolge die Inhalte dargestellt wurden; zentral ist hingegen, dass nichts Wichtiges vergessen wurde: Sie müssen daher aus dem Gesagten selektieren (Kriterium: Relevanz) und das Ausgewählte neu strukturieren (Kriterium: Übersichtlichkeit).

5 Klausur

Anforderungsprofil

Die Konventionen der Textsorte Klausur bereiten wenig Probleme, denn diese Art der Leistungskontrolle ist ja bereits aus der Schule bestens bekannt: In einem vorgegebenen Zeitrahmen müssen Fragen oder Aufgaben handschriftlich und in der Regel ohne Hilfsmittel beantwortet werden. Der Zweck einer Klausur besteht darin zu prüfen, ob der Stoff eines Seminars (in den neuen BA- und MA-Studiengängen zum Teil auch der Inhalt der Vorlesungen) richtig verstanden und systematisch aufbereitet worden ist. Eine eigenständige, über die Inhalte der Lehrveranstaltungen hinausgehende Erarbeitung von Fachkenntnissen wird dabei – anders als bei Seminararbeiten – nicht verlangt. Die besondere Bedeutung der Klausuren im BA-/MA-Modell ergibt sich daraus, dass ihre Bewertung häufig in die Note der entsprechenden Modulabschlussprüfung einfließt.

Vorbereitung

Generell gilt, dass man sich auf Prüfungen im Medium der Leistungsabnahme vorbereiten sollte: Wenn Sie mündlich geprüft werden, führen Sie ruhig vorbereitend Selbstgespräche, wenn Sie einen Vortrag halten sollen, stellen Sie sich mit einer Uhr an ein (improvisiertes) Rednerpult, und wenn Sie eine Klausur schreiben und darin komplexe Sachverhalte prägnant auf den Punkt bringen müssen, dann üben Sie am besten genau dies durch das Anfertigen von Probeklausuren. Aufgabensammlungen werden oft in der Fachschaft archiviert, Sie können aber auch die Lehrenden nach möglichen Klausurthemen fragen oder sich selbst welche ausdenken. Auf diese Weise trainieren Sie, den Stoff nach unterschiedlichen Gesichtspunkten zu sortieren und aufzubereiten. Solche vorbereitenden Arbeiten helfen nicht nur dabei, den Lernstoff zu strukturieren und auf das Wesentliche zu reduzieren, sondern sind selbst auch schon Bestandteil des Lernprozesses, da Sie dabei zentrale Kompetenzen wie das Evaluieren und Gliedern von Informationen kontinuierlich schulen.

Gliederung

Verschaffen Sie sich unbedingt vor Beginn der Schreibarbeit einen Überblick über alle Fragen, um die Reihenfolge der Beantwortung festlegen und sich die Zeit einteilen zu können. Bei manchen Klausuren im Grundstudium werden nur kurze Antworten (manchmal sogar in einem Multiple-Choice-Verfahren nur eine Auswahl zwischen vorgegebenen Varianten) verlangt. Sobald aber Fragen gestellt werden, die nur in einem längeren, argumentativen Text zu beantworten sind, ist es unbedingt empfehlenswert, zu Beginn der Klausur eine differenzierte Gliederung zu erarbeiten, die nicht nur Oberpunkte enthält, sondern auch bereits die wesentlichen Informationen in Stichpunkten bestimmten Teilabschnitten zuordnet.

Vorteile

Auf diese Weise stellen Sie vor Beginn der eigentlichen Niederschrift erstens sicher, dass unnötige Wiederholungen ausgeschlossen sind und Sie alle *relevanten* Kenntnisse (nicht gleichbedeutend mit allem, was Sie wissen!) unterbringen. Zweitens sind eine logische Argumentation und ein kohärenter Aufbau, die man durch das Gliedern des Stoffes erreicht, für die Qualität und damit die Bewertung der Antworten ebenso mitentscheidend wie die Richtigkeit der dargestellten Fakten. Anregungen dazu erhalten Sie in Kap. 4, das einige der zentralen Argumentationsstrukturen (These, Vergleich, Typologie) erläutert. Drittens hilft die Gliederung dem/der Korrektor(in) dabei, sich schnell einen Gesamteindruck von Ihrer Argumentation zu verschaffen. Falls Sie nicht rechtzeitig fertig werden sollten, kann die Gliederung viertens noch zeigen, welche weiteren Punkte Sie noch bearbeitet hätten, und bei der Benotung ein paar Punkte gutmachen. Die Gliederung sollte daher unbedingt auch dann mit abgegeben werden, wenn dies nicht explizit verlangt ist.

Einstieg

In der Klausursituation ist es entscheidend, dass die Gliederung einen klaren Argumentationsbeginn vorgibt, denn der Einstieg in die Antwort fällt den meisten Studierenden besonders schwer. Eine bewährte Methode ist die klassische Essay-Technik (vgl. Kap. 3.7). Dabei wird die Fragestellung in einem einleitenden Absatz analysiert und daraus das weitere Vorgehen abgeleitet. Diese Vorgehensweise hat den Vorteil, dass man den Schreibplan für die ersten ein bis zwei Absätze bereits fertig vor sich hat, denn es geht ja nur darum, die Gliederung in Sätze zu kleiden. Wenn der Einstieg auf diese Weise erst einmal geschafft und das Blatt nicht mehr ganz leer ist, fällt das Weiterschreiben leichter.

Zeiteinteilung

Das effektivste Mittel gegen die Anspannung in der Hektik einer Klausur ist eine gute Zeitplanung. Sobald die Gliederung fertig und die Argumentation in Stichpunkten vorgezeichnet ist, sollten Sie – wie bei einem Dauerlauf – jedem Abschnitt eine bestimmte Zeitspanne zuweisen. Auf diese Weise können Sie zum einen eine Gewichtung vornehmen (für die wesentlichen Abschnitte wird mehr Zeit vorgesehen). Zum anderen können Sie mit Hilfe des Zeitplans während des Schreibens kontrollieren, ob Sie dabei sind, in Verzug zu geraten.

Zeitnot

Sobald Sie merken, dass Sie Ihre Argumentation nicht wie geplant zu Ende führen oder nicht alle Fragen oder Aufgaben in der zur Verfügung stehenden Zeit beantworten bzw. bearbeiten können, nehmen Sie sich kurz Zeit um zu überlegen, auf welche Klausurteile Sie in der Endphase Ihre Energie konzentrieren sollten: Welche Aufgaben bringen die meisten Punkte? In welchem der noch offenen Bereiche fühlen Sie sich am sichersten? Beginnen Sie mit der Bearbeitung dieser Aufgaben bzw. Bereiche. Für nach den Regeln der Kunst gestaltete Absätze ist nun keine Zeit mehr. Anstatt immer schneller (und damit unleserlicher) zu schreiben oder einfach ganze (Teil-)Aufgaben auszulassen, empfiehlt es sich, die noch fehlenden Angaben oder Argumentationsschritte in Stichpunkten auf dem Konzeptpapier zu skizzieren.

Vorbeugen

Besser (für das Klausurergebnis und vor allem Ihre Nerven) ist es natürlich, erst gar nicht in Zeitnot zu geraten. Vorbeugend empfiehlt sich daher erstens die Auseinandersetzung mit **Techniken der Stoffverarbeitung**, wie sie etwa Pukas (2003: 112ff.) in seiner praxisorientierten Einführung in das Lernmanagement vorstellt: Nur wer gelernt hat, effizient zu lernen, kann die Fülle der Studieninhalte sehr gut bewältigen. Zweitens ist ein systematisches **Projekt- und Zeitmanagement** (vgl. Echterhoff/Neumann 2006) nicht nur während der Klausur, sondern auch schon in der Vorbereitungsphase unerlässlich, wenn mehrere Klausuren, mündliche Prüfungen und Seminararbeiten erfolgreich koordiniert werden sollen. Drittens können

Sie an Ihrer **Essay-Technik** feilen (s.u.), um im Ernstfall schneller strukturieren und argumentieren zu können (vgl. Aczel 2005). Der beste Weg zur Vermeidung von Zeitnot und damit zu einem (sehr) guten Klausurergebnis ist also eine langfristige Vorbereitung. Dazu zählt ggf. auch die aktive **Auseinandersetzung mit Prüfungsängsten.** Eine erste Anlaufstelle können die Zentralen Studienberatungen der Universitäten sein, die häufig selbst Kurse und Trainings zur Bewältigung von Prüfungsangst und Schreibhemmungen anbieten.

TIPP

Die Klausur ist eines der wenigen Dokumente, die im Studium heute noch mit der Hand geschrieben werden. Um die Korrektur nicht unnötig zu erschweren, sollten Sie sich trotz der gebotenen Eile um eine gut leserliche Schrift und ein übersichtliches Textbild (keine wirren Pfeile oder Streichungen) bemühen. Ergänzungen können Sie – wie in elektronischen Dokumenten – in Fuß- oder Endnoten nachtragen.

6 Referat mit schriftlicher Ausarbeitung

Zweck

Das Referat zählt zu den klassischen Instrumenten der Hochschuldidaktik, denn durch Kurzvorträge können die Studierenden aktiv in die Gestaltung von Seminaren einbezogen werden. Das Referat hat mit Klausuren und Essays gemeinsam, dass die Aufgabenstellung von den Lehrenden festgelegt wird. Meist wird auch schon ungefähr vorgegeben, welche Texte bei der Vorbereitung heranzuziehen sind, da Referate als integraler Bestandteil von Lehrveranstaltungen fest in die Vermittlung von Seminarinhalten eingeplant sind.

Anforderungen

Auch im Kontext der neuen BA- und MA-Studiengänge, in denen nach klar gestaffelten Kriterien Leistungspunkte erbracht werden müssen, bleibt das Referat ein zentraler Bestandteil vieler Lehrveranstaltungen. So wird in der Regel zum Nachweis der aktiven Teilnahme neben dem regelmäßigen Besuch der Veranstaltung sowie der nötigen Vor- und Nachbereitung auch die Übernahme eines mündlichen Referates mit anschließender schriftlicher Ausarbeitung verlangt. Manche Lehrende erwarten, dass eine bereits fertig ausgearbeitete schriftliche Arbeit im Seminar zum (freien) Vortrag kommt (vgl. Sesink 2003: 219). Daher sollten Sie die genauen Anforderungen stets im Detail absprechen. Zu klären ist, ob ein Handout verteilt werden soll, welcher Zeitrahmen zur Verfügung steht und welche Sekundärliteratur bei der Vorbereitung zu berücksichtigen ist.

Struktur

Die Struktur eines Referates unterscheidet sich von der einer längeren schriftlichen Arbeit durch die Konzentration auf wenige zentrale Aspekte. Diese Kernpunkte sollten adressatenorientiert vermittelt werden, d.h. so, dass alle Studierenden im Seminar den Ausführungen folgen können.

Fachtermini sollten also unbedingt definiert und erklärt und die Gliederung bzw. der Aufbau des Referats auf einer Folie oder einem Handout dargestellt werden. Unabhängig vom Thema weist jedes Referat eine kurze Hinführung zum Thema (Worum geht es? Was ist das Interessante daran?), einen Mittelteil und ein Fazit auf, das Ihnen Gelegenheit gibt, die zentralen Thesen und Argumente noch einmal abschließend zusammenzufassen.

Fairness

Die Haltung gegenüber referierenden Kommiliton(inn)en in einer Lehrveranstaltung sollte stets von Aufgeschlossenheit (Neugier ist in der Wissenschaft eine unerlässliche Tugend) und Solidarität geprägt sein. Geflüster oder (nicht böse gemeintes) Gähnen irritieren und lenken ab, während freundliches Lächeln und (unaufdringlicher) Augenkontakt aufmunternd wirken. Die Regeln der Fairness gebieten auch eine aktive Beteiligung, falls Fragen an das Publikum gestellt werden, denn kaum etwas verunsichert Vortragende in einer solchen Stresssituation mehr als mangelndes Feedback.

Erster Eindruck

In der Regel ist der allererste Eindruck entscheidend für unsere Einschätzung einer Sache oder Person, insbesondere dann, wenn die Begegnung nur sehr kurz ist. Diesen Umstand sollte man bei der Konzeption eines Referates im Kopf behalten, denn ein guter Start ist bereits die halbe Miete, während der Eindruck einer unsicheren oder unstrukturierten Performance in den ersten ein bis zwei Minuten nur schwer zu korrigieren ist. Die drei wichtigsten Elemente der Einleitung zu einem Seminarvortrag sind daher

1. der sog. Einstieg,
2. eine Übersicht über den Inhalt und Aufbau zur Orientierung des Publikums sowie
3. die sog. Captatio Benevolentiae (s. u.), in der man den Kontakt zu den Zuhörern herstellt.

Einstieg

Der Einstieg, also der unmittelbare Beginn eines Referats, bietet Gelegenheit, den folgenden Vortrag im Kontext des Seminars zu verorten („In der letzten Sitzung haben wir x besprochen. Mein Referat knüpft daran an und stellt auch noch y und z vor." Oder: „Das Thema dieses Seminars lautet ja... Mein Vortrag konzentriert sich auf die Aspekte a und b. Worin besteht eigentlich der Zusammenhang?"). Da der optimale Einstieg auch immer von der konkreten Vortragssituation abhängig ist, darf man hier auch ruhig ein wenig improvisieren. Gelungene Improvisationen (auch im weiteren Verlauf des Referats) setzen aber immer eine gründliche Vorbereitung und übersichtliche Vortragsstruktur voraus, so dass man immer wieder problemlos zum vorbereiteten Skript zurückkehren kann.

Captatio Benevolentiae

Zu den standardisierten Bestandteilen eines mündlichen Vortrags zählt auch heute noch die Captatio Benevolentiae. Darunter verstand man in der antiken Rhetorik das Werben des Redners um das Wohlwollen des Publikums. Diesen Zweck erfüllen z. B. selbstkritische Verweise auf die Unvollständigkeit des Präsentierten und die Bitte, bei Unklarheiten nachzufragen.

Sympathiepunkte sammeln Sie auch, wenn Sie improvisieren und persönliche oder inhaltliche Schwächen (ich bin aufgeregt, ich habe diesen oder jenen Punkt selbst nicht ganz verstanden, jetzt habe ich ein wenig den Faden verloren) gezielt ansprechen: Dann verwandelt sich ein (vermeintliches) Defizit ganz schnell in eine besondere Stärke des freien Vortrags. So etwas sollte aber nie ausformuliert im Vortragstext stehen, denn nichts wirkt unglaubwürdiger als ein ruhig abgelesenes Eingeständnis eigener Aufregung – sprachliches und emotionales Handeln müssen übereinstimmen!

Vortrag

Präsentieren heißt, unter Berücksichtigung der Bedürfnisse der Zielgruppe Informationen anschaulich zu vermitteln. Wirkungsvoller und damit besser als ein abgelesener Text ist daher stets ein freier Vortrag. Wenn Sie auf ein Manuskript keinesfalls verzichten wollen, tragen Sie es zuhause so oft laut vor, dass sie zumindest den *Eindruck* eines freien Vortrags vermitteln können. Wenn es irgendwie geht, sollten Sie sich aber auf stichpunktartige Notizen beschränken (am besten auf Karteikarten, wie manche Fernsehmoderator(inn)en sie benutzen).

TIPP

Egal, ob Sie ein ausformuliertes Skript oder Karteikarten mit Notizen benutzen – achten Sie immer auf optimale Lesbarkeit. Verwenden Sie Schriftgröße 14 und markieren Sie wichtige Stellen wie Überschriften, Keywords und Überleitungen auf dem Skript, so dass Sie sich in Ihren Unterlagen schnell zurechtfinden und möglichst viel Blickkontakt mit dem Publikum haben können. Falls Sie mit mehreren Folien arbeiten, sollten Sie diese nummerieren und im Skript vermerken, wann ein Wechsel ansteht.

Visualisierung

Zur Anschaulichkeit trägt auch die Visualisierung komplexer Sachverhalte bei. Im Seminarkontext kann man entweder Folien oder Tafelanschriften verwenden; Power Point-Präsentationen hingegen wirken hier in der Regel wie technischer Overkill. Da Sie die Zielgruppe und damit den Informationsstand Ihrer Kommiliton(inn)en ja ganz genau einschätzen können, sollten Sie gezielt relevante Informationen einbauen. Dazu zählen etwa kurze Zusammenfassungen der Texte, auf denen Ihr Referat basiert (und die sicher nicht alle gelesen haben), Anmerkungen zu Ihren Recherchemethoden und -ergebnissen (wie habe ich wo was zum Thema gefunden) oder gezielte Bezüge auf andere Präsentationen der vorangegangenen Sitzungen.

Folien

Für Folien gelten spezifische Regeln. Der Zweck einer Folie ist die Komplexitätsreduktion bzw. die Visualisierung komplexer Zusammenhänge. Weniger ist hier immer mehr! Denken Sie auch daran, einen geeigneten Schriftgrad zu wählen (Faustregel: min. Schriftgröße 18 bei Times New Roman; reduzieren Sie lieber die Textmenge als die Schriftgröße), so dass man auch von den hinteren Reihen aus alles problemlos lesen kann. Überprüfen Sie die Texte der Folie besonders sorgfältig und konsultieren Sie im

Zweifelsfall unbedingt den Rechtschreib- oder Fremdwörter-Duden, denn jeder Fehler fällt negativ auf.

Handout

Feste Regeln für Handouts gibt es nicht. In manchen Veranstaltungen des Hauptstudiums wird zwischen Informations- und Thesenpapieren unterschieden. Erstere bieten z. B. im Vortrag zitierte Textstellen, Zusatzmaterialien wie Tabellen und Schaubilder oder Literaturangaben, während letztere zur Diskussion anregen sollen (vgl. SESINK 2003: 224). In der Praxis enthalten Handouts häufig beides. In formaler Hinsicht sind vergleichsweise wenige Dinge zu beachten: Da ein Titelblatt bei Dokumenten von so geringem Umfang übertrieben wirkt (ein bis zwei Seiten genügen völlig), werden die wesentlichen Angaben – Name, Seminarthema, Dozent(in), Semester, Referatsthema – an den Beginn gesetzt.

Ausarbeitung

Manche Lehrende verlangen zusätzlich zum Vortrag eine schriftliche Ausarbeitung des Referats. Darunter versteht man einen Text, der auf Ihren vorbereiteten Notizen aufbaut, die Ergebnisse der Seminardiskussion mit einbezieht und eine Auswahlbibliographie zum Thema beinhaltet. Es ist daher unbedingt empfehlenswert, mit der Ausarbeitung unmittelbar im Anschluss an die Referatssitzung zu beginnen, so dass Sie noch im Thema ‚drin' sind. Falls Sie nicht direkt dazu kommen, sollten Sie sich auf jeden Fall detaillierte Notizen machen. Den Umfang der Ausarbeitung legt Ihr(e) Dozent(in) fest.

7 Essay

Begriff

Der Begriff ‚Essay' bezeichnet zwei unterschiedliche Textsorten. Zum einen ist er eine nicht-fiktionale literarische Prosaform, die auf MONTAIGNES *Essais* (1580) zurückgeht und durch eine allgemein verständliche Sprache und Argumentationsweise sowie eine auch Laien vertraute bzw. zugängliche Thematik gekennzeichnet ist. Daher wird die Bezeichnung ‚essayistischer Stil' mit Bezug auf wissenschaftliche Arbeiten im Deutschen auch oft in einem negativen Sinne als zu unpräzise und unwissenschaftlich verwendet.

Anglo-amerikanische Tradition

Die zweite, verwandte, aber doch eigenständige Verwendung des Begriffs begegnet in der anglo-amerikanischen universitären Tradition des *essay writing*. Der Essay ist in diesem Kontext eine akademische Textsorte (*critical essay*), die sich durch die konventionalisierte Frage- bzw. Aufgabenstellung sowie eine bestimmten Regeln folgende Argumentation auszeichnet: „What all [...] types of essay have in common is an interest in argument. They do not simply state facts or opinions, nor do they tell a story: they argue a case. They take an idea, or cluster of ideas and [...] put them on trial. As in most trials, the purpose is to prove a point and reach a verdict. To reach the desired verdict, the essay must do three things. It must produce strong arguments, express these arguments clearly and forcefully, and support them with convincing evidence." (ACZEL 2003: 7)

Erörterung

Dieser Form des *critical essay* entspricht im Deutschen am ehesten die Textsorte der ‚Erörterung', die hierzulande nur an Schulen, nicht aber an Universitäten Verwendung findet (Ausnahmen sind geisteswissenschaftliche Fächer, die den Essay in seiner anglo-amerikanischen Variante kennen und einsetzen). Obwohl auch an britischen und amerikanischen Universitäten die Kritik am *essay writing* als „the most traditional of practices" (COFFIN et al. 2003: 3) zunimmt und über seine Ablösung durch andere Textsorten (etwa *project reports* oder *reflective journals*) diskutiert wird (vgl. ebd.), sind die beiden Besonderheiten des Essays auch für die meisten anderen schriftlichen Studienarbeiten ausschlaggebend: die Themenanalyse und die Argumentationsstruktur.

Abgrenzung

Der zentrale Unterschied zwischen dem Essay und Pro- bzw. Hauptseminararbeiten liegt darin, dass Sie durch letztere nicht nur Fachkenntnisse, sondern auch die Beherrschung der Techniken des wissenschaftlichen Arbeitens (z.B. Recherche und Bibliographieren, Umgang mit Sekundärliteratur, Methodenreflexion) nachweisen sollen. Daher erfordern Hausarbeiten auch Bibliotheksbesuche und bringen einen größeren Zeitaufwand mit sich.

Anforderungen

Der Essay stellt dagegen die überzeugende, kohärente und schlüssige Argumentation in den Mittelpunkt. Essays werden meist im Rahmen einer Klausur oder als schriftliche Zusatzarbeiten in Veranstaltungen des Grundstudiums mit mündlicher Prüfung geschrieben. Sie setzen daher die Kenntnis der Materie sowie der formalen Techniken der Auseinandersetzung mit einem Gegenstand voraus. Innerhalb eines vorgegebenen Zeitrahmens soll ein klar definiertes Thema bearbeitet werden, das in der sog. *essay question* (Fragestellung) formuliert ist: „Obviously it's important to realise that you're not embarking on a piece of open-ended research. You're answering a particular question that raises particular sharply focused issues." (GREETHAM 2001: 9)

Themaverfehlung

Wie GREETHAM betont, geht es beim Essay darum, besonders fokussiert eine klar begrenzte Fragestellung zu bearbeiten. Wovor man sich also unbedingt in Acht nehmen sollte, ist die Themaverfehlung. Denn diese hat in den meisten Fällen zur Folge, dass die Arbeit als mangelhaft eingestuft wird, selbst dann, wenn der Text an sich sprachlich und inhaltlich hervorragend ist. Die falsche inhaltliche Fokussierung kann natürlich die Konsequenz mangelhafter Vorbereitung (fehlende Kenntnisse im Themengebiet) sein. Häufig erkennen aber auch gut vorbereitete Studierende aufgrund der Stresssituation die Implikationen der Aufgabenstellung nicht.

Regeln

Um eine Themaverfehlung zu vermeiden, sollte man stets zwei Regeln beachten:

1. Bei der Zeiteinteilung sollte man streng kontrollieren, dass man der Hinführung zum eigentlichen Kernpunkt nicht zuviel Platz einräumt, denn sonst kann es leicht passieren, dass Nebensächliches im Detail ausgeführt wird, während für die wirklich wichtigen Aspekte nicht mehr genug Zeit bleibt.
2. Ebenso wichtig ist, vor dem Beginn der Niederschrift ausführlich die Fragestellung zu analysieren: Um was soll es in dem Essay gehen (Thema), und wie soll ich dieses Thema bearbeiten (Aufgabe)?

Aufgabenstellung

Die wichtigste Technik, die man beherrschen (und üben) sollte, um gute Essays zu schreiben, ist daher die ‚Entschlüsselung' der Frage- oder Aufgabenstellung. Wie dies funktioniert, erläutert RICHARD ACZEL in seinem praxisnahen und äußerst empfehlenswerten Lehrbuch *How to Write an Essay* (2005). Die wichtigsten Bestandteile einer Aufgabenstellung sind ACZEL (ebd.: 12) zufolge die sog. Schlüsselbegriffe (*keywords*), die je nach ihrer Funktion in themenorientierte (*focus keywords*) und ansatzorientierte Begriffe (*approach keywords*) unterteilt werden können. Erstere bestimmen, worum es in dem Essay gehen soll, letztere geben an, wie Sie sich diesem Thema oder Gegenstand nähern sollen. Ansatzorientierte Schlüsselbegriffe sind leicht daran zu erkennen, dass sie eine bestimmte Aktivität verlangen, etwa „Charakterisieren Sie…", „Diskutieren Sie…", „Vergleichen Sie…", „Bewerten Sie…", „Beschreiben Sie…" „Erläutern Sie…" oder „Identifizieren Sie…". In Anlehnung an ACZEL (2005: 27) lässt sich die Entschlüsselung der Aufgabenstellung als ein Weg von der Identifizierung der Schlüsselbegriffe bis hin zur Gliederung darstellen.

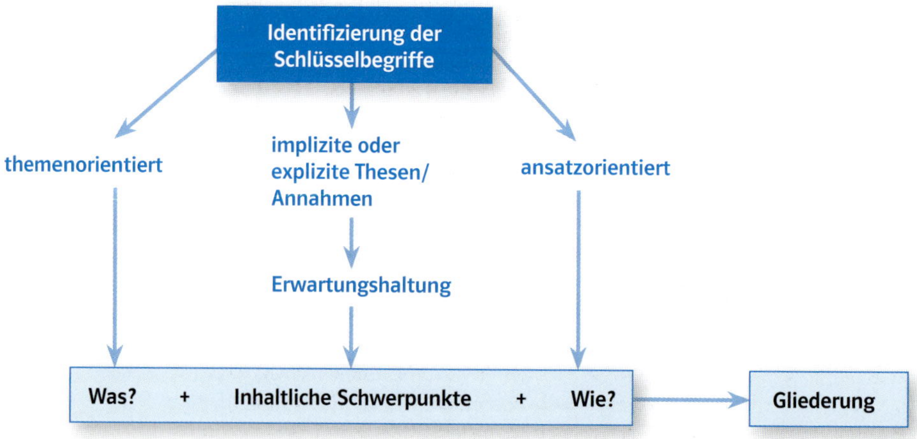

Abb. 3.1: Entschlüsselung der Aufgabenstellung beim Essay

Implikationen

Wie Abb. 3.1 verdeutlicht, ist die erste Aufgabe bei der Planung eines Essays also die Identifizierung der Schlüsselbegriffe und damit die Bestimmung des Themas sowie der Art und Weise, in der man sich mit diesem Thema auseinandersetzen soll. Bevor man mit der Gliederung und dann mit der Schreibarbeit beginnen kann, müssen jedoch noch die weiteren Implikationen der Aufgabenstellung erkundet werden: Werden in der Aufgabe bereits explizit oder implizit bestimmte Thesen formuliert? Wenn ja, welche? Zudem ist zu prüfen, welche weiteren Anforderungen die Aufgabenstellung enthält: Sollen Beispiele angeführt werden? Wenn ja, wie viele? Ist die Aufgabenstellung provokativ formuliert (häufig wird z. B. ein kontroverses Zitat der eigentlichen Aufgabe vorangestellt)? Sollen Sie sich also von der These der Aufgabe bzw. dem vorangestellten Zitat distanzieren, oder wird lediglich eine Beschreibung verlangt?

Gliederung

Der Aufgabenstellung lassen sich bei genauerem Hinsehen also zahlreiche Informationen entlocken, die für die Gliederung des Essays entscheidende Hinweise geben. Wie bei allen Klausurformen, in denen längere Texte verlangt sind, sollte auch hier die Gliederung auf dem Konzeptpapier festgehalten und mit den Klausurbögen abgegeben werden (selbst wenn dies nicht explizit gefordert wird). Auf diese Weise ist der gesamte Gedankengang ersichtlich, falls Sie einmal nicht rechtzeitig fertig werden sollten.

8 Kürzere schriftliche Arbeiten

Berufsrelevanz

Die Textsorten, mit denen Sie in Ihren Veranstaltungen konfrontiert sind, dienen der Übung des akademischen Schreibens und der Entwicklung wissenschaftlicher Schreibkompetenz. Natürlich streben aber nicht alle Studierenden eine wissenschaftliche Karriere an. Viele Lehrende bemühen sich daher insbesondere in den neuen BA-Studiengängen, deren Absolvent(inn)en ja frühzeitig ein berufliches Profil entwickeln müssen, die Studierenden nicht nur zu wissenschaftlichem Schreiben, sondern zusätzlich auch zum Verfassen arbeitsmarktrelevanter Texte zu befähigen. Zu den Textsorten, die auch außerhalb der Universität Verwendung finden, zählen die Kurzzusammenfassung (Abstract), die Rezension und der Werkartikel.

Abstract

Ein Abstract ist die Kurzzusammenfassung eines Textes, deren Umfang einen längeren Absatz meist nicht übersteigt. Ein Abstract kann folglich nur die allerwichtigsten Merkmale eines Textes nennen. Dazu zählen Autor, Titel und Textsorte (z. B. Zeitschriftenartikel, Monographie, Sammelband, Konferenzband), das Thema und der wissenschaftliche Ansatz, die zentrale(n) These(n), die Materialbasis und Methodik sowie die wichtigsten Ergebnisse. Ein guter Abstract zeichnet sich durch sprachliche Präzision und Ökonomie aus (der geringe Umfang erlaubt keinerlei Füllwörter oder überflüssige Konstruktionen) und setzt einen genauen Überblick über

Gegenstandsbereich, Erkenntnisinteresse und Anlage des jeweiligen Textes voraus.

Verwendungszweck

Wegen der Kürze und der damit verbundenen Informationsdichte ist der Abstract eine sehr anspruchsvolle Textsorte, die überall zum Einsatz kommt, wo durch einen ‚Appetitanreger' zum Weiterlesen ermuntert werden soll. Viele wissenschaftliche Zeitschriften stellen den dort publizierten Aufsätzen eine Kurzzusammenfassung voran (in der Regel in englischer Sprache, auch wenn der Text selbst in einer anderen Sprache verfasst ist), Verlage werben mit Abstracts für ihre Bücher (im Klappentext oder in Verlagsbroschüren), Online-Redaktionen benutzen unterschiedliche Kurzformate wie Schlagzeilen, Mini-Abstracts von ein bis drei Sätzen und Abstracts, um Inhalte übersichtlich zu strukturieren oder die Neugier der Leser zu wecken. Das Verfassen von Abstracts ist auch eine Übung für sog. Copy-Tests und damit für diejenigen interessant, die als Texter einen Einstieg in die Werbebranche anstreben (vgl. Kap. 7.2.2).

Annotierte Biographie

Eine annotierte (d. h. kommentierte) Bibliographie ist eine Literaturliste, die neben den bibliographischen Angaben auch Abstracts der aufgeführten Titel enthält. Ein Beispiel für eine annotierte Bibliographie ist Ehlich/Steets/Traunsburger (2000). Das Erstellen einer annotierten Bibliographie ist auch deshalb eine sehr nützliche Übung, weil beim Abfassen der Kurzkommentare die Fähigkeit des gezielten Querlesens oder kursorischen Lesens geübt wird, die für die Auswertung größerer Mengen von Sekundärliteratur in Hauptseminar- oder Abschlussarbeiten von essentieller Bedeutung ist.

Wissenschaftliche Rezension

Rezensionen sind Buchbesprechungen, wie man sie in wissenschaftlichen, aber auch nicht-wissenschaftlichen Zeitschriften und Zeitungen findet. Ziel einer Rezension ist, ein Buch (bei Sammelrezensionen auch mehrere Bücher zu einem Thema) so vorzustellen, dass sich die Adressaten der Rezension ein genaues Bild davon machen und ggf. eine Kaufentscheidung treffen können. Der Adressatenbezug bedeutet natürlich, dass sich Inhalt und Stil der Rezension (sowie auch der zur Besprechung ausgewählten Bücher) nach der jeweiligen Zielgruppe richten: Wissenschaftliche Rezensionen bewerten eine Monographie nach Kriterien wie Kenntnis der Materie, Erkenntnisgewinn, Grad an Innovation, Plausibilität der Thesen, Kohärenz und Schlüssigkeit der Argumentation oder interdisziplinäre Anschlussfähigkeit. Sie dienen der Information und sachlich begründeten Evaluation, was sich auch in der transparenten Struktur niederschlägt. Beispiele für gut strukturierte Rezensionen bietet *KULT*_online, das Rezensionsmagazin des Gießener Graduiertenzentrums Kulturwissenschaften: Jede Rezension enthält neben einem Bild des Buch-Covers und den Titelangaben zunächst einen kurzen Abstract der Rezension (ca. 500 Zeichen), dann die Besprechung mit einem Fazit und abschließend die vollständige Inhaltsangabe des rezensierten Bandes.

Nicht-wissenschaftliche Rezensionen, etwa von Romanen, legen hingegen oft besonderen Wert auf einen bestimmten Stil, der abhängig ist vom Publikationsort (z. B. dem Feuilleton einer großen Zeitung oder der Rubrik „Literatur & Kultur" in einem trendorientierten Stadtmagazin) und damit von der Zielgruppe, an die sich die Zeitung bzw. Zeitschrift jeweils richtet. Nicht nur der (feuilletonistische oder ‚blumige') Stil unterscheidet sie von wissenschaftlichen Rezensionen, sondern auch ihre oftmals polemische Zuspitzung – schließlich wollen sie nicht nur informieren, sondern auch unterhalten. Daher wird häufig auch übertrieben – denken Sie an die amüsanten, weil polarisierenden Verrisse von Romanen und auch Sachbüchern durch Marcel Reich-Ranicki oder Denis Scheck. Wissenschaftlich ist dies nicht – doch auch durch das Verfassen nicht-wissenschaftlicher Rezensionen kann eine wichtige Teilkompetenz von Schreibkompetenz geübt werden: das Textsortenbewusstsein.

Nicht-wissenschaftliche Rezension

Die Werkartikel in Literaturlexika wie *Kindlers Literatur Lexikon* eignen sich nicht nur als Informationsquelle zum schnellen Nachlesen über Inhalt und Form eines Romans oder Dramas, sondern auch als Muster für das Abfassen eigener Werkartikel. Denn entsprechend den dort gewählten Konventionen (Länge, Stil, thematischer Fokus) lassen sich natürlich auch weitere Romane oder Dramen analysieren und in Kurzsynopsen beschreiben – eine praxisnahe und sehr anspruchsvolle Methode, Textsortenbewusstsein zu trainieren, Gattungskonventionen zu imitieren und eigenständig im Rahmen einer vorgegebenen Zeichenzahl Kurzinterpretationen anzufertigen. Ein weiterer Vorteil des Verfassens eigener Werkartikel zu den selbst gelesenen Texten besteht darin, dass sich diese Textsorte hervorragend zur schnellen Wiederholung des Stoffes und damit zur Prüfungsvorbereitung eignet.

Werkartikel

TIPP

Hinweise zu hier nicht aufgeführten Textsorten wie dem Laborbuch (vgl. Ebel/Bliefert 1993: 5-15) oder dem technischen Bericht (vgl. Hering/Hering 2000) finden sich in den fachspezifischen Ratgebern am Ende der Bibliographie.

9 Praktikumsbericht/Portfolio

Der Praktikumsbericht wird v. a. von Lehramtsstudierenden verfasst, die eines der obligatorischen Schulpraktika absolviert haben. Diese Textsorte ist eine Mischform, die unterschiedliche Texte und Textarten verbindet. Der Praktikumsbericht soll in diesem Fall generell zur Sensibilisierung für Lehr- und Lernprozesse beitragen. Zudem dient die Reflexion des Unterrichtsgeschehens der Vorbereitung auf die während des Referendariats geforderte Selbstreflexion der Lehrerrollen (Unterrichten, Evaluieren, Bewerten, Coachen etc.), die meist auch den Fokus der zweiten Staatsarbeit nach dem Referendariat bilden.

Textsorte

Bestandteile

Da Form und Inhalt des abzugebenden Praktikumsberichts von den Lehrenden der fachdidaktischen Seminare, die das Schulpraktikum betreuen, individuell festgelegt werden, und es sich – wie gesagt – um eine Mischform mit variablen Bestandteilen handelt, lassen sich keine allgemein gültigen Regeln aufstellen. Meistens enthalten Praktikumsberichte erstens einen allgemeinen deskriptiven Teil zur Schule, an der das Praktikum stattgefunden hat (Darstellung der Schule, Schulart, Unterrichtsbedingungen, Klassensituation, besondere Merkmale). Dieser Teil sollte auch evaluative Komponenten (eigene Einschätzungen) enthalten, die allerdings klar als solche markiert sein müssen. Ein zweiter Bestandteil sind Hospitationsprotokolle, die zu den als Gast besuchten Unterrichtsstunden angefertigt werden. Drittens enthält der Praktikumsbericht die schriftlich ausgearbeitete Planung einer Unterrichtsreihe (eine Lehreinheit, die sich über mehrere Stunden erstreckt), die auch didaktische und methodische Reflexionen und Unterrichtsentwürfe einschließt. Zusätzlich können in den Praktikumsbericht noch Schülerarbeiten aufgenommen werden. Ziel ist es, die praktischen Erfahrungen darzustellen, zu strukturieren und zu reflektieren sowie eigene methodische Ansätze zu dokumentieren.

10 Seminararbeit

Seminare

Der Kern des Studiums besteht aus fachwissenschaftlichen Pro- und Hauptseminaren (Manche BA-Studiengänge bezeichnen mittlerweile beide Kurstypen als Seminare und unterscheiden sie nur durch die Zahl der vergebenen Leistungspunkte bzw. die Zugehörigkeit zu Modulen unterschiedlicher Studienabschnitte). Der Leistungsnachweis wird durch aktive Teilnahme (meist inklusive Referat) sowie eine schriftliche Arbeit erbracht. Der Umfang der Arbeit variiert in der Regel zwischen ca. 8–10 Seiten (im Grundstudium) und ca. 15–20 Seiten (im Hauptstudium).

Anforderungen

Am Beispiel der Seminar- oder Hausarbeiten (beide Begriffe werden synonym verwendet) lässt sich der in Kap. 2.3 erläuterte Unterschied zwischen wissenschaftlichem und akademischem Schreiben am besten veranschaulichen: „Die Hausarbeit ist eine Übungsform wissenschaftlichen Schreibens und am Modell des wissenschaftlichen Artikels orientiert. Man erhofft sich von den Studenten im Optimalfall eine argumentative Abhandlung zu einem sachlich komplexen, wissenschaftlich relevanten Thema, die bestimmte formale Merkmale aufweist, die relevanten Begrifflichkeiten des Gegenstandsbereichs beinhaltet, den Konventionen der Wissenschaftssprache gerecht wird und am Stand der Forschung orientiert ist." (Steinhoff 2003: 39) Das bei der Korrektur zugrunde gelegte Bewertungsraster geht also davon aus, dass Studierende die wesentlichen Bestandteile und Konventionen eines wissenschaftlichen Textes kennen und ein vorgegebenes oder selbst gewähltes Thema entsprechend diesem Muster eigenständig bearbeiten können.

Grund- vs. Hauptstudium

Natürlich wird bei einer Proseminararbeit weniger vorausgesetzt und auch verlangt als bei einer Arbeit für ein Hauptseminar: Sie ist vom Umfang her kürzer, das Thema ist enger begrenzt, die Argumentationsstruktur weniger komplex und die Literaturliste weniger umfangreich. Da Proseminararbeiten bereits im Grundstudium geschrieben werden, ist eine solche quantitative und qualitative Abstufung unumgänglich.

Erwartungshaltung

Pro- und Hauptseminararbeiten können in diesem Kapitel dennoch gemeinsam behandelt werden, da im Prinzip in beiden Fällen dasselbe, am Idealtyp ‚wissenschaftlicher Artikel' entwickelte Bewertungsraster zugrunde gelegt wird. Von Studienanfängern und Fortgeschrittenen werden also strukturell ähnliche Texte erwartet – im Hauptstudium eben nur auf höherem, d.h. dem Idealtyp näheren, Niveau. Wie Abb. 2 (Kap. 2.2.3) verdeutlicht, markieren die unterschiedlichen Genres (Pro- und Hauptseminarsarbeit, Abschlussarbeit und Doktorarbeit) die Höhepunkte (d.h. die höchsten Schreibanforderungen) der jeweiligen Studien- bzw. Professionalisierungsphase. Die Graphik zeigt den Anstieg der Erwartungshaltung vom Grund- zum Hauptstudium, wobei der Referenzrahmen (Idealtyp ‚wissenschaftlicher Text') gleich bleibt.

Transferleistung

Das Thema einer Arbeit orientiert sich stets am Thema des Seminars. Selbst wenn es zur Aufgabe der Studierenden gehört, sich selbst ein Thema zu suchen, heißt das also, einen im Seminar behandelten, eventuell am Rande angesprochenen oder zumindest für das Seminarthema relevanten Aspekt bzw. Teilaspekt herauszugreifen und schriftlich zu vertiefen. Dies gilt auch für Theorie und Methodik. In (guten) Hauptseminaren lernt man nicht nur einen bestimmten Objektbereich kennen, sondern eignet sich auch theoretische und methodische Grundkenntnisse an. Deren aktive Beherrschung soll durch ihre Anwendung in der Seminararbeit nachgewiesen werden. Bewertungskriterien wie der Nachweis konzeptioneller Fähigkeiten sowie der sichere Umgang mit Methoden, Konzepten und Analysekategorien zielen darauf ab, diese Transferleistung zu evaluieren: Wurde der Seminarstoff verstanden? Sind die im Unterricht exemplarisch aufgezeigten Problemstellungen und Herangehensweisen eigenständig auf den neuen Objektbereich der Seminararbeit übertragen worden, und kann durch die vorgenommenen Analysen oder Interpretationen die Beherrschung der Methodik demonstriert werden?

11 Abschlussarbeiten: Magister, Staatsexamen, Bachelor und Master

Vorbereitung

Ein grundlegender Unterschied zwischen allen bislang besprochenen Textsorten und den Abschlussarbeiten ist, dass in letzteren erstmals die schriftliche Leistung nicht an ein Seminar gebunden ist. Von den Studierenden wird erwartet, dass sie sich nicht nur ihr Thema selbst suchen, sondern auch den/die Professor(in), der/die die Arbeit betreut. Diese wichtige Entscheidung sollte man langfristig vorbereiten. Man sollte auf jeden Fall versuchen, bei dem/der Lehrenden zuvor bereits mindestens ein Seminar besucht und eine Arbeit eingereicht zu haben, um seine/ihre Arbeitsweise und Ansprüche zu kennen. Zudem empfiehlt es sich, das Vorhaben rechtzeitig (d.h. mindestens ein Semester im Voraus) einmal in einer Sprechstunde anzusprechen: Vielleicht plant die betreffende Person ja einen Universitätswechsel, wird pensioniert, hat bereits zu viele Abschlusskandidat(inn)en oder hält sich für Ihren Interessenschwerpunkt für nicht kompetent bzw. zuständig.

Kriterien

Abb. 2.2 (Kap. 2.2.3) verdeutlicht einen weiteren Unterschied zwischen Seminar- und Abschlussarbeiten, der nicht organisatorischer, sondern qualitativer Natur ist. In der Examensphase erreicht die Erwartungshaltung den Höhepunkt. Wenn Sie nicht im Anschluss an das Studium promovieren, werden Sie einer professionellen wissenschaftlichen Arbeit nie wieder so nahe kommen wie jetzt. Das bedeutet nicht, wie oben bereits ausgeführt, dass nun völlig andere Gesetze gelten. Die Bewertungskriterien ändern sich ebenso wenig wie das Idealziel der wissenschaftlichen Forschungsarbeit, das ihnen zugrunde liegt. Allerdings werden nun inhaltliche, konzeptionelle, methodische und sprachliche Leistungen erwartet, die, wie auch der Umfang der Arbeit, deutlich über denen von Seminararbeiten liegen.

Benotung

Der Aufwand, den Sie nun betreiben müssen, spiegelt sich in dem hohen Stellenwert der Abschlussarbeit wieder. Die Bewertung der Arbeit fließt in die Endnote des Abschlusszeugnisses ein. Je nach Studiengang kann sie bis zu 50% der Gesamtnote ausmachen (etwa in den alten Magisterstudiengängen). Auch wenn drei Monate, die übliche Frist von der Anmeldung bis zur Abgabe der Arbeit, sehr lang scheint, zeigt sich in der Praxis doch, dass die meisten Studierenden am Schluss in Zeitnot geraten. Spätestens jetzt ist daher eine gründliche Projekt- und Zeitplanung (vgl. Kap. 6.2) erforderlich.

„Eintrittskarte“

Die Magisterarbeit oder Master-These hat über ihren Beitrag zur Gesamtnote des Abschlusszeugnisses hinaus aber noch einen weiteren Zweck: Sie dient für diejenigen von Ihnen, die auch nach dem ersten Abschluss noch weiter wissenschaftlich arbeiten wollen und einen Doktortitel anstreben, als eine ‚Eintrittskarte‘ in die Welt der universitären Forschung. Sie markiert den Beginn des Übergangs vom akademischen zum wissenschaftlichen Schreiben und kann bereits die Grundlage einer späteren Dissertation sein. Für die Aufnahme in ein strukturiertes Promotionsprogramm bzw. die erfolgreiche Bewerbung um ein Promotionsstipendium ist allerdings eine sehr gute Note eine unabdingbare Voraussetzung.

Bachelor

Die Bachelorarbeit wird künftig als erste, dem Master vorgelagerte Abschlussarbeit für alle Studierenden relevant sein (eine Kombination aus Bachelor und Master of Arts in Education wird mittelfristig wohl die bisherigen Lehramtsstudiengänge ablösen). An anglo-amerikanischen Universitäten etwa ist die Bachelorarbeit eher einem langen Essay denn einer Magister- oder Staatsexamensarbeit nach deutschem Muster vergleichbar. Da bislang nur wenige deutsche BA-Studiengänge so lange existieren, dass die ersten Absolvent(inn)en ihre Abschlussarbeiten einreichen, ist derzeit noch nicht abzusehen, wie sich die Anforderungen entwickeln werden.

> **Achtung:** Der Anlage, dem Aufbau und der Struktur von Seminar- und Abschlussarbeiten ist ein eigenes Kapitel zur Architektur wissenschaftlicher Texte gewidmet (vgl. Kap. 4).

12 Option Doktorarbeit

Weiter so?

Falls Sie nach dem Ende des Studiums Gefallen am wissenschaftlichen Arbeiten gefunden haben und sich endlich professionell der Forschung in einem Teilbereich Ihres Faches widmen wollen, können Sie – hervorragende Abschlussnoten vorausgesetzt – Ihre im Studium bereits erprobten und verfeinerten Schreibkompetenzen weiter einsetzen: beim Schreiben einer Dissertation (Doktorarbeit). Auch wenn kaum jemand sich unmittelbar nach Abgabe der MA- oder Magisterarbeit oder dem Prüfungsmarathon für das Staatsexamen vorstellen kann, sofort wieder mit einer wissenschaftlichen Arbeit zu beginnen, stellt sich bei vielen schon nach kurzer Abstinenz das ‚Heimweh' nach der Universität ein. Als Karriereschritt ist die Promotion durchaus ernst zu nehmen, denn sie ist heute nicht mehr nur Voraussetzung für eine wissenschaftliche Laufbahn, sondern wird zunehmend auch von Kandidat(inn)en für führende Positionen außerhalb der Hochschule erwartet.

Rahmenbedingungen

Durch die Einrichtung von DFG-Graduiertenkollegs, Graduiertenzentren der Hochschulen und Graduiertenschulen im Rahmen der Exzellenzinitiative des Bundes und der Länder haben sich die Rahmenbedingungen für den wissenschaftlichen Nachwuchs in den vergangenen Jahren deutlich verbessert. Vor dem Beginn einer Promotion sollten Sie sich eingehend nach Finanzierungsmöglichkeiten, Forschungsstandorten, Promotionsbedingungen und -studiengängen erkundigen. Entsprechende Informationen bieten die Webseiten der Deutschen Forschungsgemeinschaft (www.dfg.de), das *GEW Handbuch Promovieren mit Perspektive* (hg. von Claudia Koepernik, Johannes Moes und Sandra Tiefel, Bielefeld 2005) sowie das *Metzler Handbuch Promovieren mit System* (hg. von Ansgar Nünning und Roy Sommer, Stuttgart 2007).

4 Die Architektur wissenschaftlicher Texte: Theoriedesign, Denkmodelle und Strukturierungshilfen

„Wissenschaft als Problemlösungssystem ist vital auf Kommunikation angewiesen, und zwar auf Kommunikation, die kooperatives Handeln erlaubt. Effektives kooperatives Handeln aber setzt – schon aus Gründen der Handlungsökonomie – voraus, daß vermeidbare Kommunikationsprobleme auch tatsächlich vermieden werden. Eine erfolgreiche Strategie der Vermeidung von Kommunikationsproblemen besteht nun erfahrungsgemäß darin, die Verwendung relevanter Begriffe und Argumentationsmuster so zu regeln, daß keine unproduktiven Irritationen der Kommunikation (vom Typ der Dauerfrage ‚Was bedeutet X?') entstehen." (SCHMIDT 2000: 349)

1 Bauformen und Argumentationsmuster: Wie (und warum) wissenschaftliche Kommunikation strukturiert ist

Bauformen

Im vorangegangenen Kapitel wurde erläutert, was von Ihnen erwartet wird, wenn Sie z.B. eine Klausur, ein Referat, einen Essay oder eine Seminararbeit schreiben sollen. In den folgenden beiden Kapiteln geht es nun um die Frage, was unter der wissenschaftlichen Bearbeitung eines Problems zu verstehen ist. Dazu werden zwei unterschiedliche Perspektiven eingenommen, die einander ergänzen: Die Analyse wissenschaftlicher Texte und das Erkennen und Verstehen ihrer Bauformen auf der einen, und die eigene Textproduktion mit Hilfe dieser Modelle auf der anderen Seite.

Modelle

Die im Folgenden vorgestellten Bauformen wissenschaftlicher Texte verstehen sich also zum einen als Bezugsrahmen für die kritische Lektüre von Sekundärliteratur, da sie den Blick für wissenschaftliche Argumentationsmuster schärfen. Die Leitfrage lautet dabei stets: Wie ist der fremde Text gemacht oder konstruiert? Welche Argumentationen und Strukturelemente verwendet er? Zum anderen können die modellhaft dargestellten Bauformen als Muster für die Strukturierung eigener Texte dienen. Sie sollen zunächst den Blick auf die spezifischen Funktionen der zentralen Textteile (Einleitung, Hauptteil, Schluss) lenken. Bis zur Abschlussarbeit sollten Studierende in der Lage sein, mit solchen Bauformen selbst aktiv umzugehen, d.h. mit ihrer Hilfe selbst Texte zu schreiben, die wissenschaftlichen Ansprüchen genügen.

Ansprüche an wissenschaftliche Kommunikation

Doch worin bestehen diese Ansprüche konkret, und wie lässt sich Wissenschaftlichkeit definieren? Eine Antwort gibt der Kommunikations- und Medientheoretiker S.J. SCHMIDT in dem Zitat, das diesem Kapitel vorangestellt ist. Wissenschaftliche Kommunikation soll gemeinsames Handeln auf effektive Weise ermöglichen. Uneffektiv wären z.B. der Wechsel zwischen unterschiedlichen Bedeutungen von Begriffen, die Verwendung umgangssprachlicher Ausdrücke anstelle eingebürgerter Fachtermini oder eine mangelnde Transparenz der Argumentation, da sie Missverständnisse hervorrufen und eine sachliche Auseinandersetzung erschweren können.

Folglich sollte wissenschaftliche Kommunikation ein größtmögliches Maß an begrifflicher Klarheit und argumentativer Präzision anstreben. Denn nur wenn klar ist, was gemeint ist und worauf ein Text hinaus will, kann man sich auf die Diskussion der Inhalte konzentrieren, auf die es ja eigentlich ankommt.

Rhetorische Traditionen

Die Modelle für das Verfassen strukturierter Texte, die in diesem Kapitel dargelegt werden, sind übrigens keine Erfindung der modernen Wissenschaft. Ihre Ursprünge lassen sich bis in die Antike zurückverfolgen, zu griechischen und römischen Autoren wie Platon (427–347 v. Chr.), Cicero (106–43 v. Chr.) und Quintilian (ca. 35–96 v. Chr.). Letztere waren als Theoretiker bzw. praktizierende Redner maßgeblich an der Entwicklung der Rhetorik (gr. *rhétor*, der Redner) beteiligt, einem ausgefeilten Regelwerk für den strukturierten und wirkungsvollen Einsatz von Sprache zu einem bestimmten Zweck. Der Gegenstandsbereich der Rhetorik, der zunächst auf die mündlich vorgetragene Rede beschränkt war, wurde später um schriftlich festgehaltene Reden (Briefe) und, davon ausgehend, zusätzliche Textsorten erweitert.

Wirkung

Charakteristisch für alle rhetorischen Regeln ist die Konzentration auf die beabsichtigte Wirkung. Die ursprünglichen drei Arten der konventionalisierten Rede, die Gerichts- bzw. Verteidigungsrede (*genus iudiciale*), die politische Rede (*genus deliberativum*) und die Festrede (*genus demonstrativum*), verfolgten klare Absichten, nämlich erfolgreiches Anklagen bzw. Verteidigen, die Abwägung einer Entscheidung oder Lob bzw. Tadel. Daher lag es nahe, Erfahrungswerte über erfolgreiche Argumentationsstrukturen zu systematisieren und als anwendbare Regeln oder Produktionstechniken an nachfolgende Generationen von Rednern weiterzugeben, die die Rhetorik als Lehre von der wirkungsvollen Rede ihrerseits weiterentwickelten.

Wirkungsweisen

Der Zweck einer Rede lässt sich der rhetorischen Auffassung zufolge auf drei unterschiedliche Weisen beim Publikum erreichen, die in der antiken Rede kombiniert sind: durch abwechslungsreiche Unterhaltung (*delectare*), emotionale Rührung und Spannung (*movere*) oder intellektuelle Belehrung bzw. Überzeugung (*docere*). Diese Unterscheidung hilft dabei, sich vor Augen zu führen, wie wissenschaftliche Kommunikation funktioniert: Es geht hier nicht um Unterhaltung oder Spannung (sicher werden Sie aus eigener Erfahrung zustimmen, dass eine Komödie oder ein Krimi in dieser Hinsicht wissenschaftlichen Texten haushoch überlegen sind), sondern um die zuletzt genannte Wirkungsweise, die intellektuelle Überzeugung. Diese wird durch die Nachvollziehbarkeit, Überprüfbarkeit, Objektivität, Transparenz und Schlüssigkeit der Argumentation erreicht und erfordert eine gründliche Vorbereitung, die man heutzutage als Untersuchungs- oder Theoriedesign bezeichnet.

Architekturmetaphern

Um zu verdeutlichen, was mit dem Untersuchungs- bzw. Theoriedesign einer Arbeit gemeint ist, aber auch, um den Stellenwert der Gliederung, der Texteinteilung, der Überleitungen zwischen Textteilen und der Ausgewogenheit der Argumentation zu veranschaulichen, bieten sich allgemein verständliche Metaphern aus dem Bereich der Architektur an. Einen wissenschaftlichen Text kann man mit einem Gebäude vergleichen, zu dessen Konstruktion unterschiedliche Elemente erforderlich sind:

- das Fundament, auf dem das Gebäude errichtet wird (analog: die Materialbasis, also Zahl, Qualität, Aktualität, Relevanz, Kenntnis und Auswertung der Quellen)
- der Bauplan (analog: die Gliederung),
- die Raumaufteilung (analog: Dreiteilung des Textes in Einleitung, Hauptteil, Schluss und die weitere Untergliederung dieser Textteile) sowie
- Treppen, die die verschiedenen Ebenen miteinander verbinden (analog: Überleitungen zwischen Textteilen, Kapiteln, Unterkapiteln und Absätzen).
- die Statik des Gebäudes (analog: Untersuchungs- oder Forschungs- bzw. Theoriedesign) und
- seine Energiebilanz (analog: Effizienz und Schlüssigkeit der Argumentation, d.h. Grad an Redundanz und Repetitivität sowie Plausibilität der Thesen und Nachvollziehbarkeit des Gedankengangs).

‚Anlage'

Dieses Kapitel beschäftigt sich mit dem Untersuchungs-, Forschungs- oder Theoriedesign, also dem, was allgemein auch als die ‚Anlage' einer Arbeit bezeichnet wird. Wie statische Berechnungen dafür ausschlaggebend sind, wo Pfeiler oder Zwischenwände eingezogen werden müssen, damit ein Gebäude tragfähig ist, so wird durch das Theoriedesign festgelegt, welche theoretischen und methodischen Schritte unternommen werden müssen, um die im Thema formulierte Problemstellung zu bearbeiten. Diese Festlegung erfolgt im Anschluss an die Phasen der Themenfindung und Recherche während der Konzeptualisierung und Strukturierung. Ihr Endergebnis ist die Gliederung (vgl. Kap. 5.3.1).

Theoriedesign

Konzeption und Bedeutung des Theoriedesigns hängen von mehreren Faktoren ab, u.a. dem Fach, in dem die Arbeit geschrieben wird (die Geschichtswissenschaft z.B. ist traditionell wenig theoretisch orientiert), dem/der Lehrenden (nicht alle schreiben der theoretischen Fundierung einer Arbeit dieselbe Bedeutung zu), der Fragestellung (nicht jedes Thema lässt sich mit denselben Methoden bearbeiten) und vor allem natürlich dem Anspruch an die Arbeit (in Proseminararbeiten erprobt man meist nur analytische Kompetenzen, in Hauptseminararbeiten erfolgen erste Auseinandersetzungen mit Theorien und erst von Abschlussarbeiten wird eine tiefer gehende Theorie- und Methodenreflexion erwartet). Um bei der Architekturmetaphorik zu bleiben: Der Bau eines Hochhauses (Doktorarbeit) erfordert komplexere statische Berechnungen als der Bau einer Gartenlaube aus Fertigbauteilen (Proseminararbeit) bzw. eines unterkellerten Bungalows (Hauptseminararbeit) oder eines zweistöckigen Reihenendhauses mit Keller und ausgebautem Dachgeschoss (Abschlussarbeit).

2 Rahmentext I: Die Einleitung

Anfang

Ein wissenschaftlicher Text beginnt mit einer Einleitung. Das ist so selbstverständlich, dass man darüber eigentlich kein Wort verlieren muss. Doch häufig verbirgt sich gerade hinter dem Selbstverständlichen eine ganze Reihe unvorhergesehener Probleme. So ist es auch mit der Einleitung, denn während es nicht besonders schwierig ist, irgendetwas einleitend hinzuschreiben, muss ein guter Einstieg in die Arbeit eine Reihe komplexer Fragen aufwerfen und beantworten:

- In welchen wissenschaftlichen Kontext ist die Arbeit einzuordnen (**Kontextualisierung**)?
- Wie ist der Titel der Arbeit genau zu verstehen (**Thema und Fragestellung**)?
- Welche Ziele verfolgt die Arbeit (**Erkenntnisinteresse**)?
- Wie ist die Arbeit angelegt (**Aufbau**)?

Führt man sich anhand dieser Fragen vor Augen, was die Einleitung leisten soll, wird schnell deutlich, dass die gedankliche Leistung, die der Arbeit zugrunde liegt, vor der Niederschrift bereits weitgehend erbracht sein muss.

Erkenntnisprozess

Andererseits ist zu Beginn der Textproduktion selbst bei gründlicher Vorbereitung noch nicht abzusehen, wie sich die Konzeption der Arbeit noch verändern wird: Wissenschaftliches Schreiben ist keine mechanische Umsetzung eines Schemas, sondern ein dynamischer Erkenntnisprozess, bei dem sich Konzeption und Ausarbeitung kontinuierlich gegenseitig befruchten. Deshalb kann die Einleitung erst dann in ihre endgültige Form gebracht werden, wenn die Ausarbeitung des Hauptteils bereits weitgehend abgeschlossen ist. Für den Beginn der Arbeit am Hauptteil genügt also eine vorläufige Rohfassung der Einleitung, die später revidiert und überarbeitet wird.

Einstieg

Aller Anfang fällt schwer. Das gilt insbesondere für die ersten Worte und Sätze einer Arbeit. Diese dienen dazu, den sog. Einstieg ins Thema zu ermöglichen. Die Leserinnen und Leser sollen einen Eindruck davon bekommen,

- in welchem Fach bzw. welcher Teildisziplin die Arbeit angesiedelt ist,
- worin der Anlass für die Untersuchung besteht (z. B. eine Kontroverse innerhalb des Faches, zu der Stellung genommen werden soll, oder die Absicht, einen literarischen Text aus einer bestimmten theoretischen Perspektive neu zu interpretieren) und
- welche Annahmen (Prämissen) der Arbeit zugrunde liegen.

Kontextualisierung

Diesen Einstieg bezeichnet man auch als Kontextualisierung, weil er einen – wissenschaftlichen – Kontext etabliert, in den die Arbeit eingebettet wird. Ein Absatz reicht in einer Seminararbeit aus, um dieses Ziel zu erreichen. Als Aufhänger eignet sich für den Einstieg in das Thema oft auch ein vorangestelltes Zitat (Motto), das prägnant und pointiert bereits auf das Kernproblem verweisen oder auch eine völlig entgegengesetzte Position präsentieren kann, von der man sich dann abgrenzt. Ausgehend von diesem Aufhänger lässt sich dann, bildlich gesprochen, das Terrain abstecken, in dem gearbeitet werden soll – und schon ist der schwierige Anfang gemeistert.

Fragestellung

Da im Gegensatz zum Essay bei der Seminar- oder Abschlussarbeit der genaue ‚Arbeitsauftrag' meist nicht im Titel enthalten ist, muss die Einleitung zudem die sog. Fragestellung erläutern. Darunter versteht man erstens eine kurze Hinführung von dem im Einstieg etablierten allgemeinen Kontext der Studie hin zum konkreten Thema oder Gegenstand, und zweitens eine Erläuterung der Implikationen des Titels: Womit wird sich die Untersuchung beschäftigen? Welche Ziele verfolgt sie? Mit Hilfe welcher Methoden will sie ihr Ziel erreichen?

Erkenntnisinteresse

Eng mit der Erläuterung der Fragestellung verbunden sind die Präzisierung des Erkenntnisinteresses und die Nennung der zentralen These. Letztere wird im Hauptteil ausführlich hergeleitet und begründet, sollte aber in der Einleitung bereits kurz umrissen werden. Es empfiehlt sich außerdem, die Fragestellung in einer oder mehreren Leitfrage(n) explizit zu konkretisieren, so dass dem/der Lesenden (und auch Ihnen beim Schreiben) eindeutig klar ist, um was es in der Arbeit geht. Solche Leitfragen können als ‚roter Faden' fungieren, der an verschiedenen Stellen und natürlich im Schlusskapitel wieder aufgegriffen wird und zur Einheit der Argumentation (Kohärenz) beiträgt (vgl. Kap. 5.5.4).

Aufbau

Der letzte Absatz einer Einleitung legt üblicherweise die Anlage und den Aufbau der Arbeit dar. Zu den Informationen, die man an dieser Stelle erwartet, zählen die Offenlegung der Struktur des Hauptteils (In welcher Reihenfolge werden welche Aspekte behandelt?), eine kurze Beschreibung der Schritte zur Beantwortung der Leitfragen und die Einteilung und Abfolge der Interpretationskapitel. Dieser Absatz fungiert also als Wegweiser durch den Rest der Arbeit.

Rahmung

Durch die explizite Erläuterung von Fragestellung und Erkenntnisinteresse legt die Einleitung nicht nur offen, was die Arbeit erreichen will, sondern sie stellt damit auch einen Maßstab zur Verfügung, an dem sie sich nach der Durchführung der Argumentation messen lassen muss: Wurden die Ziele erreicht oder nicht? Die zusammenfassende Darlegung der Untersuchungsergebnisse erfolgt im Schlussteil, der mit der Einleitung eine strukturelle Klammer um den Hauptteil der Arbeit bildet (vgl. Kap. 4.4). Diese Struktur bezeichnet man als Rahmung: Sie stiftet Kohärenz und erzeugt den Eindruck der Geschlossenheit. Natürlich setzt diese Rahmung voraus, dass die eingangs erläuterte Fragestellung und das Erkenntnisinteresse im Schlusskapitel erneut aufgegriffen werden.

3 Denkmodelle und Strukturierungshilfen: Sieben Argumentationsmuster für den Theorie- und Hauptteil

Hauptteil

Der Hauptteil ist das Herzstück einer wissenschaftlichen Arbeit. Dennoch übergehen die meisten Ratgeber zum akademischen Schreiben diesen wichtigen Punkt, anstatt die Frage zu diskutieren, die vielen Studierenden große Probleme bereitet: Wie verwandelt man die zahlreichen Notizen, Beobachtungen und Ideen aus der Phase der Themenfindung (vgl. Kap. 5.2) in einen strukturierten Text? Bei der Beantwortung hilft ein Blick auf die standardisierten Darstellungsverfahren, die in wissenschaftlichen Texten häufig Verwendung finden. Einige dieser Argumentationsmuster werden in diesem Kapitel erläutert.

Modell

Ein Argumentationsmuster ist wie jedes Modell zunächst einmal eine Abstraktion, d.h. eine Konzentration auf diejenigen Merkmale, die allen vom Modell erfassten Fällen gemeinsam ist. Zudem zeichnet sich ein Modell durch seine zentrale Funktion aus, nämlich die vereinfachende Darstellung eines komplexen Sachverhalts (wissenschaftlich ausgedrückt: Komplexitätsreduktion). Was vermögen nun die folgenden Modelle zu leisten? Sie zeigen Idealtypen (Das ist nicht wertend – im Sinn von: die ‚besten' Typen – gemeint, sondern verweist auf den Beispielcharakter.), mit deren Hilfe man sich Klarheit über vier Grundfragen verschaffen kann:

- Welche Art von akademischer Leistung will ich eigentlich erbringen? Welche Verfahren eignen sich dazu?
- Kann man das Thema vielleicht auch auf eine andere Weise angehen?
- Entspricht mein Text den Anforderungen an das jeweilige Modell?
- Wenn nicht: Habe ich nicht gründlich gearbeitet, oder eignet sich eine andere Argumentationsstruktur vielleicht besser für mein Vorhaben?

Effiziente Kommunikation

Die im Folgenden vorgestellten Argumentationsstrukturen haben aber noch einen anderen Zweck: Sie schärfen den Blick für die Art und Weise, in der professionelle wissenschaftliche Texte (Sekundärliteratur) gemacht sind. Wenn man weiß, nach welchen Prinzipien man beim Verfassen wissenschaftlicher Texte generell vorgehen kann, kann man z.B. auch gezielt danach fragen, welches Verfahren das gerade zu exzerpierende Buch anwendet. Damit eignen sich die folgenden Darstellungs- und Argumentationsmuster nicht nur als Denkmodelle und Strukturierungshilfen bei der Textproduktion, sondern sie erleichtern auch das Verständnis der wissenschaftlichen Texte und Argumentationen Anderer. Auf diese Weise tragen sie zu effizienter wissenschaftlicher Kommunikation im Sinne S.J. Schmidts (vgl. Kap. 4.1) bei.

1 Modell I: Beschreibung und Interpretation

Beschreibung

Wissenschaftliches Schreiben, insbesondere aber akademisches Schreiben, ist über weite Strecken hinweg ein genaues Beschreiben von Beobachtetem. In studentischen Arbeiten beschränkt sich die Beschreibung zumeist auf das Referieren von Texten. Dabei kommt es in erster Linie auf sachliche Richtigkeit sowie ein ausgewogenes Verhältnis von eigenen und fremden Gedanken an. Wichtig ist auch das Kommentieren der referierten Positionen: Beschreibt man den im anderen Text vertretenen Standpunkt deshalb, weil man ihn teilt, oder will man sich von ihm abgrenzen? Die eigene Haltung muss in jedem Fall explizit erkennbar sein, denn aus der Auswahl und Bewertung der beschriebenen Ansätze besteht zu weiten Teilen die geforderte eigenständige Leistung.

Paraphrase

Eine Sonderform der Beschreibung von Texten, die in studentischen Arbeiten eine zentrale Rolle spielt, ist die Paraphrase. Darunter versteht man eine Umschreibung in eigenen Worten, die den Inhalt des referierten Textes möglichst originalgetreu wiedergibt. Dies stellt hohe Anforderungen sowohl an das Textverstehen (die paraphrasierten Texte verwenden Fachterminologie und wissenschaftliche Ausdrucksweisen) als auch an die sprachliche Ausdrucksfähigkeit. Denn die differenzierten Aussagen wissenschaftlicher Texte lassen sich mit den Mitteln der Alltagssprache nur sehr eingeschränkt wiedergeben (vgl. Kap. 5.5). Sprachlich sollte sich die Paraphrase daher durch einen deskriptiven Modus und begriffliche Präzision auszeichnen, ohne die Formulierungen des Originals lediglich zu kopieren.

Interpretation

Von der ‚bloßen' Beschreibung oder Paraphrase abzuheben ist die Interpretation eines Textes. Die Interpretation ist eine zentrale Bauform literaturwissenschaftlicher Arbeiten. Die genaue Bestimmung dessen, was im Akt des Interpretierens geschehen soll, und folglich auch die Bestimmung des Endresultats des Interpretierens bereiten der Literaturtheorie traditionell große Schwierigkeiten. Dies liegt daran, dass die jeweils zugrunde gelegten Ansätze (z. B. der hermeneutischen, werkimmanenten, funktionsgeschichtlichen oder ideologiekritischen Interpretation) von unterschiedlichen Voraussetzungen ausgehen und unterschiedliche Ziele verfolgen. Von studentischen Arbeiten wird nicht verlangt, dass sie wissenschaftstheoretische Aspekte dieser Art diskutieren oder gar eine eigene Position entwickeln. Es genügt, wenn die angebotenen Interpretationen plausibel, selbst konzipiert und formuliert, mit gängigen Interpretationen desselben Textes kompatibel und darüber hinaus auch logisch und sprachlich der Komplexität des Originals angemessen sind.

2 Modell II: Definition und Explikation

Normierung

Die von Schmidt (2000) geforderte Effizienz wissenschaftlicher Kommunikation ist nur durch die präzise Verwendung zentraler Fachbegriffe zu erreichen, die eine Normierung des wissenschaftlichen Wortschatzes voraussetzt. Eine solche Normierung geschieht zum einen durch die Einführung allgemein akzeptierter Fachausdrücke oder durch die Einengung des Bedeutungsspielraums alltagssprachlicher Begriffe, die fortan im wissenschaftlichen Diskurs der jeweiligen Disziplin von allen Mitgliedern der wissenschaftlichen Gemeinschaft im gleichen Sinn verwendet werden.

Definition

In beiden Fällen (Einführung neuer Begriffe oder Festlegung der Bedeutung alltagssprachlicher Begriffe) sind Definitionen oder Begriffsexplikationen (Erklärungen) erforderlich, die die Bedeutung der Fachtermini festlegen. Innerhalb der Definitionstheorien werden unterschiedliche Arten von Definitionen unterschieden (vgl. Schmidt 2000: 347ff.). Neue Standards im Bereich der Begriffsexplikation in den Philologien setzt das *Reallexikon der deutschen Literaturwissenschaft*, das bei jeder Definition systematisch zwischen Informationen zur Wortgeschichte, Begriffsgeschichte, Sachgeschichte und Forschungsgeschichte unterscheidet. Zudem wird jeder Begriff durch Querverweise in seinem terminologischen Feld situiert (Mit welchen anderen Begriffen steht er in engem Zusammenhang?).

Quellen

So professionell müssen studentische Arbeiten natürlich nicht vorgehen. Oft genügt es, eine Definition zu zitieren, also eine fremde Begriffsbestimmung zu übernehmen. Wichtig ist lediglich, dass ein anerkanntes, aktuelles und fachlich einschlägiges Nachschlagewerk zu Rate gezogen wird. Definitionen können nämlich in ihrer Qualität sehr stark variieren. Zudem unterscheiden sie sich hinsichtlich ihrer Komplexität: Die Möglichkeiten reichen von der Nennung von Synonymen (z.B.: Plot = Handlungsverlauf) in einfachen Glossaren (das ist noch keine Definition, kann aber zur Klärung der Terminologie bereits ausreichen) bis hin zu ausführlichen Begriffsexplikationen in einschlägigen Fachlexika.

Problembewusstsein

Ziel der Verwendung von Definitionen ist zum einen die Annäherung an die Konventionen wissenschaftlichen Schreibens und zum anderen der Nachweis von Problembewusstsein. Natürlich muss man nicht jeden Fachterminus definieren. Einschlägige Begriffe kann man in der eingebürgerten Bedeutung verwenden, sollte sich aber stets vergewissern, dass man diese richtig verstanden hat. Auf jeden Fall sollte man aber darauf achten, die definierten Begriffe im weiteren Verlauf der Arbeit auch selbst einheitlich und in der – meist zu Beginn des Hauptteils – explizierten Bedeutung zu verwenden.

Interdisziplinäre Konzepte

Neben Fachausdrücken, die sich durch Definitionen präzisieren lassen, gibt es auch komplexere Begriffe, die nicht in einer einheitlichen Bedeutung verwendet werden, sondern interdisziplinäre Konzepte bezeichnen. Beispiele sind etwa ‚Kommunikation', ‚Identität' oder ‚kulturelle Erinnerung'. Wenn man mit solchen Konzepten arbeitet, ist es wichtig, die alltagssprachliche Bedeutung beiseite zu lassen und stattdessen einen der gängigen theoretischen Ansätze zu wählen, die mit dem Begriff arbeiten. Im Idealfall wird diese Auswahl durch den Vergleich unterschiedlicher Konnotationen des Begriffs in konkurrierenden Ansätzen, also durch das Referieren einer wissenschaftlichen Debatte (vgl. Modell IV), begründet.

3 Modell III: Vermittlung von Fakten und Informationen

Information

Von Studierenden wird in schriftlichen Arbeiten zunächst eine Darlegung des Sachverhalts erwartet. Das Hauptziel besteht darin, die für die Argumentation benötigten Fakten und Informationen zu vermitteln. Bei einer Hauptseminararbeit zum Thema „Die Rolle der Wehrmacht bei der Judenverfolgung im Zweiten Weltkrieg und ihre Beurteilung in der deutschen Militärgeschichtsschreibung im Kontext der Kontroverse um die Ausstellung ‚Verbrechen der Wehrmacht'", erwartet man z. B. zunächst eine Darstellung der Judenverfolgung im Zweiten Weltkrieg sowie der Wehrmachtsausstellung des Hamburger Instituts für Sozialforschung (zu diesem Bsp. vgl. S. 74 ff.).

Kriterien

Die Qualität einer informationsorientierten Beschreibung und Analyse eines Phänomens ergibt sich aus

1. der vorgenommenen Selektion bzw. Fokussierung (Wurde das Wesentliche gesagt, oder folgt ein Exkurs auf den anderen, während Kernbereiche des Themas unberührt bleiben?),
2. der Brauchbarkeit der Information (Ist ihre Herkunft belegt? Wie neu/alt sind die verwendeten Quellen, wie gut sind sie ausgewertet?) und
3. ihrer Anordnung: Sind sie sinnvoll sortiert, oder werden unterschiedliche Informationen völlig durcheinander präsentiert?

Probleme?

Schwierigkeiten bei der Vermittlung von Fakten und Informationen lassen sich meistens auf zwei Ursachen zurückführen: mangelnde Sachkenntnis (Ich weiß zwar im Prinzip, was ich tun soll, aber ich habe selbst keine Ahnung vom konkreten Thema – wie soll ich da jemanden informieren?) und/oder mangelnde Ordnungskriterien (Womit soll ich denn anfangen, bzw. welchen Sachverhalt soll ich eigentlich einleitend genau darstellen?). Im ersten Fall findet sich die Antwort in der Bibliothek: Recherchieren, Lesen, Exzerpieren, bis das Informationsdefizit beseitigt ist. Im zweiten Fall muss die Frage- oder Aufgabenstellung präzisiert werden. Die Lösung des Problems besteht also in einer Überarbeitung des in der Einleitung formulierten Konzepts. Erst wenn klar ist, worauf die Argumentation hinauslaufen soll, lässt sich eindeutig bestimmen, welche Fakten und Informationen vorab benötigt werden.

Beispiel

Ein typisches Beispiel für einen informationsorientierten Teil ist das Kapitel zum ‚historischen Hintergrund' oder ‚soziokulturellen Kontext', das in literaturwissenschaftlichen Arbeiten oft den Hauptteil einleitet. Die Informationen, die dort geboten werden, umfassen biographische Angaben zum/zur Autor(in), ideengeschichtliche Entwicklungen oder eine Schilderung der sozialen und politischen Situation zur Entstehungszeit des Werks. Ob solche Informationen sinnvoll sind, hängt von ihrer Relevanz für die weitere Argumentation ab: Wenn sie z. B. in Textinterpretationen zur inhaltlichen Klärung von Textpassagen herangezogen werden, ist natürlich nichts dagegen einzuwenden. Ansonsten wirken solche Abschnitte häufig wie Fremdkörper, die den Fortgang der Argumentation eher behindern als fördern.

4 Modell IV: Argumentieren und Referieren einer wissenschaftlichen Debatte

Argumentation

Eine wissenschaftliche Argumentation ist eine Sonderform des Dialogs oder Polylogs. Analog zu einer Diskussion, an der zwei oder mehr Personen beteiligt sind, stehen sich hier zwei oder mehrere teilweise oder gänzlich unvereinbare Positionen gegenüber. Im Gegensatz zum Gespräch mit real existierenden Gesprächspartnern werden in einer schriftlichen Diskussion die Positionen des fiktiven Gegenüber simuliert: Der/die Autor(in) nimmt als ‚Advocatus Diaboli' (Anwalt des Teufels) den Standpunkt seines Gegners ein und führt dessen Gegenargumente zu seiner eigenen Auffassung an. Anders als in der mündlichen Diskussion (selbst disziplinierte Gesprächspartner fallen sich ja häufig ins Wort, wiederholen sich oder vergessen wichtige Aspekte) werden dabei alle Positionen nacheinander dargelegt und systematisch strukturiert. Der/Die Autor(in) weist auf die Nachteile der fremden Positionen hin und erläutert, warum er/sie die besseren Argumente zu haben glaubt.

Beweisführung

Dieses Muster geht ebenfalls zurück auf die antike Rhetorik. Dort war die Beweisführung (lat.: *argumentatio*) einer der vier Bestandteile einer Rede. Ihre Funktion war der Nachweis der Richtigkeit der der Rede zugrunde gelegten Auffassung oder These. Das Argumentieren, also die Beweisführung durch das Aufzählen, Erläutern, Bewerten und Abwägen unterschiedlicher Standpunkte, Sichtweisen oder Argumente, zählt nach wie vor zu den wesentlichen wissenschaftlichen Operationen. Allerdings spricht die moderne Wissenschaftstheorie in den Geistes- und Kulturwissenschaften heute nicht mehr von ‚Beweisen' und ‚Beweisführung', sondern von ‚Belegen' bzw. von Plausibilität und Nachvollziehbarkeit als den wichtigsten Merkmalen einer wissenschaftlich überzeugenden Argumentation.

Referieren

Von Studierenden wird vor der Abschlussphase nicht erwartet, dass sie eigene Thesen und Argumente entwickeln. Schließlich setzt dies eine sehr weit reichende Kenntnis der Forschungslandschaft voraus. Ist diese nicht gegeben, besteht die Gefahr, dass man eine ‚eigene' These entwickelt, die bereits seit langem von Anderen vertreten wird. Zudem ist in den Kernbereichen jedes Faches die Thesenbildung bereits so weit fortgeschritten, dass man grundsätzliche Perspektivenwechsel vornehmen muss, um noch zu neuen (und zugleich plausiblen) Thesen zu gelangen.

Anforderungen

Ein solcher Perspektivenwechsel aber übersteigt die Anforderungen an studentische Texte. Zu deren Aufgaben zählt es daher in erster Linie, die theoretischen Ansätze, Thesen und Argumentationen Anderer gedanklich nachzuvollziehen und zu paraphrasieren (vgl. Kap. 4.3.1). Dazu muss man zum einen die fremde Argumentation verstehen und in eigenen Worten wiedergeben. Zum anderen soll man auch die Unterschiede zu weiteren Positionen herausarbeiten, die Stichhaltigkeit der jeweiligen Argumente abwägen und die verschiedenen Standpunkte abschließend bewerten.

Diskussionsbedarf

Die Voraussetzung für die Notwendigkeit einer Argumentation ist natürlich eine strittige Annahme oder These, zu der es (mindestens) eine Gegenthese gibt. Denn wenn in einem Punkt völlige Einigkeit herrscht, besteht kein Anlass zu einer Diskussion. So wird niemand ernsthaft bestreiten, dass sich der Sinn eines Textes erst durch das Lesen erschließt. Abweichende Meinungen werden in der Wissenschaft derzeit nicht vertreten. Es handelt sich also nicht um eine kontroverse These (zu der sich Gegenargumente anführen ließen), sondern um eine normative Aussage oder Prämisse.

Beispiel

Diskussionsbedarf besteht hingegen bei Annahmen oder Thesen, die kontroverse Reaktionen hervorrufen. So ist, um bei unserem Beispiel zu bleiben, die Frage nach der Lokalisierung des Textsinns in der Literaturwissenschaft durchaus umstritten. Sowohl hermeneutische Annahmen („Der Sinn ist in den Text eingeschrieben.“) als auch konstruktivistische Gegenthesen („Der Textsinn wird vom Leser konstruiert.“) wurden in den Theoriedebatten des 20. Jahrhunderts vertreten. Aus so unterschiedlichen Thesen ergeben sich natürlich grundverschiedene Konsequenzen: Im ersten Fall muss man den Text interpretieren, um ihn zu verstehen, im zweiten Fall sich dem sog. Voraussetzungssystem der Leserinnen und Leser zuwenden, um zu erklären, wie und warum der jeweilige Text gerade diese oder jene Sinnstiftungsmechanismen aktiviert.

Aufgabe

Die Aufgabe einer Seminararbeit, deren Hauptteil nach dem Modell ‚Referieren einer wissenschaftlichen Argumentation oder Debatte‘ konzipiert ist, besteht nun darin, Argumente und Gegenargumente für und wider solche Thesen in der Sekundärliteratur zu suchen, darzustellen und zu vergleichen. Eine solche Gegenüberstellung unterschiedlicher Positionen erfordert also zunächst das systematische Sammeln von Argumenten. Es empfiehlt sich, zu diesem Zweck in der Strukturierungsphase der Arbeit (vgl. Kap. 5.3) eine Tabelle mit zwei Spalten anzulegen, in die sich Argumente und Gegenargumente (Pro und Contra) eintragen lassen.

Zuordnung

In einem zweiten Schritt werden die in der Tabelle zusammengetragenen Argumente innerhalb der Spalten sortiert. Dabei gibt es generell zwei Arten von Sortierungskriterien: die horizontale Zuordnung und die vertikale Anordnung. Bei der horizontalen Zuordnung werden die Argumente so sortiert, dass sich ein Argument und das entsprechende Gegenargument (falls es eines gibt) in derselben Zeile gegenüberstehen. Diese Form der Zuordnung erleichtert das Auffinden von Argumenten, da sich Gegenpositionen häufig systematisch aus der jeweils anderen Spalte ableiten lassen. Auf diese Weise bildet man Paare von Argumenten, die man beim Schreiben auch paarweise diskutieren kann. Dadurch wird von vornherein ein transparenter Aufbau der Argumentation gewährleistet.

Gewichtung

Die Gewichtung der Argumente kommt in der Reihenfolge zum Ausdruck, in der sie im Text diskutiert werden. Natürlich könnte man die Argumente auch beliebig anordnen. Eine überzeugende Argumentation setzt jedoch eine Gewichtung nach den Regeln der Logik oder der Rhetorik voraus. Logische Anordnungskriterien sind etwa die Relevanz der Argumente (ihre Bedeutung als Beleg für die vertretene These bzw. deren Widerlegung) oder ihre Akzeptanz im wissenschaftlichen Diskurs: Wie viele Kritiker(innen) teilen die eine oder andere Position? Aus rhetorischen Überlegungen heraus (Wirkungsabsicht) werden die Argumente ihrer Stichhaltigkeit und Überzeugungskraft nach geordnet, so dass die besten Argumente meist zuletzt kommen und alles bisher Gesagte entkräften.

Synthese

Durch die Kombination von Argumenten aus unterschiedlichen Texten und ihre neue Zu- und Anordnung in der eigenen Argumentation löst man sich von den Strukturen der Ausgangstexte und vermeidet auch dann ein ausschließlich paraphrasierendes Schreiben, wenn man die Thesen und Argumente nicht selbst entwickelt, sondern nur referiert. Den Abschluss der Argumentation bilden die Zusammenführung und Abwägung der Argumente und Gegenargumente sowie die Diskussion der Konsequenzen für die Ausgangsthese. In einem solchen Fazit manifestiert sich die von studentischen Arbeiten geforderte eigenständige Synthese (vgl. Kap. 2.3.2).

5 Modell V: Ordnen und Strukturieren mit Hilfe systematischer Klassifizierungen

Welt der Tiere

In seinem Essay „The Analytical Language of John Wilkins“, erschienen in *Other Inquisitions 1937–1952* (1993), erwähnt Jorge Luis Borges eine (fiktive) chinesische Enzyklopädie mit dem Titel *Celestial Emporium of Benevolent Knowledge*, die Tiere in folgende Arten einteilt:

1. Tiere, die dem Kaiser gehören,
2. ausgestopfte Tiere,
3. abgerichtete Tiere,
4. gesäugte Ferkel,
5. Meerjungfrauen,
6. Fabeltiere,
7. streunende Hunde,
8. Tiere, die in dieser Klassifizierung enthalten sind,
9. Tiere, die wie verrückt zittern,
10. unzählbare Tiere,
11. Tiere, die mit einem feinen Kamelhaarpinsel gezeichnet sind,
12. andere,
13. Tiere, die gerade eine Vase zerbrochen haben,
14. Tiere, die von weitem wie Fliegen aussehen.

Sinn dieser Klassifizierung

Selbst diejenigen unter uns, die sich nicht für besonders wissenschaftlich begabt halten, werden spontan erwidern, dass diese Klassifizierung völlig unsinnig ist. Doch warum? Zunächst einmal ist ja doch festzuhalten, dass mit Ausnahme der Kategorie ‚andere‘ jede dieser Unterscheidungen (für sich genommen!) eine eindeutige Einteilung aller Tiere in eine von zwei Gruppen ermöglicht: Entweder ein Tier ist in der jeweiligen Gruppe (1–11,

13, 14) enthalten oder nicht. Das erste Problem ergibt sich daraus, dass einige Gruppierungen relevanter zu sein scheinen als andere (und manche sogar völlig irrelevant). Dies scheint jedoch nur so, denn tatsächlich kann fast jede Unterscheidung – den passenden Kontext bzw. eine geeignete Fragestellung vorausgesetzt – durchaus sinnvoll sein. In einer empirischen Studie über den Einfluss der Muttermilch auf die Entwicklung von Ferkeln wird man zwischen gesäugten und künstlich ernährten Tieren unterscheiden. Ein Mythologe wird u. U. Anlass haben, geschlechtsspezifische Funktionalisierungen von Hybridwesen zu untersuchen und deshalb zwischen der Meerjungfrau aus dem Volksmärchen und dem griechischen Fabelwesen Minotaurus zu unterscheiden; und die Differenzierung zwischen Tieren, deren Jagd dem Kaiser vorbehalten ist, und anderen Tieren erscheint uns heute nur aus der historischen Distanz merkwürdig. Auch wenn einem zu manchen Gruppen auf Anhieb kein einleuchtender Differenzierungsanlass einfallen mag, ist theoretisch einer denkbar. Die Ausnahme ist die Kategorie 12, doch eine derartige ‚*left over*'-Kategorie, in der alles Platz findet, was in keiner anderen Kategorie unterzubringen ist, enthalten viele Klassifizierungen.

Eindeutige Zuordnung

Wo liegt also das Problem? Warum denken wir unwillkürlich an eine andere Systematik (Säugetiere, Amphibien, Reptilien, Vögel, Fische) und schütteln über die von BORGES erdachte Klassifizierung amüsiert den Kopf? Die Antwort lautet: weil die Kriterien zwar für sich genommen einen Anwendungszweck haben mögen, zusammen aber den Zweck einer Systematik verfehlen, durch eindeutige Zuordnungen eine klare Einteilung des Gegenstandsbereichs zu ermöglichen. Denn viele der 14 Kategorien können Teilmengen anderer sein (z.B. 2, 3 und 13 von 1). Nicht die Kategorien selbst sind also das Problem, sondern ihre Unbrauchbarkeit bei der systematischen Zuweisung bestimmter Tiere zu einer Gruppe. Die eindeutige Zuordnung aber ist das Hauptkriterium für eine wissenschaftlich sinnvolle Klassifizierung.

Erkenntnisinteresse

BORGES lenkt den Blick aber auch auf einen weiteren zentralen Aspekt von Systematisierungen, nämlich das ihnen zugrunde liegende Erkenntnisinteresse. Wie das Tierbeispiel zeigt, lassen sich durchaus unterschiedliche Systematiken entwickeln und rechtfertigen: Ob man Säugetiere, Amphibien, Reptilien, Vögel und Fische differenziert, exotische von einheimischen Tieren trennt, Tiere, die den Vogelgrippe-Erreger in sich tragen, von solchen unterscheidet, die es nicht tun, oder Nutztiere von Haustieren abgrenzt, ist lediglich durch das Erkenntnisinteresse bestimmt, nicht aber durch eine ‚übergeordnete', ‚objektive' Relevanz oder Notwendigkeit. In diesem Sinn ist eine Unterscheidung nie zwangsläufig, sondern immer theoriegeleitet und problemspezifisch. Daher ist es in einer wissenschaftlichen Arbeit unerlässlich, die Gründe für die jeweils gewählte Einteilung zu benennen. Die Qualität der Systematik hängt davon ab, ob und inwiefern sie im Kontext der jeweiligen Fragestellung einen Erkenntniszuwachs verspricht.

Systematiken

Systematische Unterscheidungen sind zunächst ein Mittel zum Sortieren heterogener Phänomene oder Untersuchungsgegenstände. Darüber hinaus liefern sie die Grundlage für Vergleiche und Typologien. Aufgrund ihrer Vielseitigkeit finden sie in beinahe allen Textteilen einer wissenschaftlichen Arbeit Verwendung. Sie sind zum Beispiel im Forschungsbericht anzutreffen, wo ja ein auf den ersten Blick unübersichtliches Gebiet ‚kartografiert' werden soll, aber auch innerhalb der einzelnen Schritte einer Argumentation.

Beispiel I

Ein einfaches Beispiel für eine wissenschaftliche Systematik, das aufgrund seiner Deutlichkeit für Hauptseminararbeiten als Vorbild dienen kann, bietet ELISABETH LISTS kurzer Aufsatz „Wissenschaftskritik" in dem Sammelband *Einführung in die Wissenschaftstheorie und Wissenschaftsforschung* (HUG 2001). Wissenschaftskritik, das Thema des Beitrags, beschäftigt sich u.a. mit der Frage, wo die Grenze zwischen wissenschaftlich abgesichertem Wissen auf der einen, und einer bloßen Meinung auf der anderen Seite verläuft. Um dieses komplexe Thema in nur sechs Seiten abhandeln zu können, verzichtet List auf eine Einleitung, die die Fragestellung herleitet und kontextualisiert, sowie auf illustrierende Beispiele. Beides dürfte in einer Hauptseminar- oder Abschlussarbeit natürlich nicht fehlen.

Aufbau

Der Beitrag ist in zwei größere Abschnitte geteilt, „Historisches" und „Systematisches", die dann weiter untergliedert werden. „Historisches" besteht aus einem kurzen Abriss zu den Anfängen der Wissenschaftskritik von SOKRATES bis ins 19. Jahrhundert sowie einem kurzen Überblick über die „Wissenschaftskritik im Zeitalter der ‚Wissensgesellschaft'". Der Abschnitt „Systematisches" nimmt dann eine Unterteilung der heutigen Wissenschaftskritik in drei Grundrichtungen vor und leitet diese Systematik mit einem typischen Überblickssatz ein: „Im Folgenden soll auf drei Hauptpositionen der Wissenschaftskritik im Einzelnen eingegangen werden auf die marxistische, die ökologische und die feministische Wissenschaftskritik." (LIST 2001: 29) Die kurze Zusammenfassung am Schluss verbindet dann diesen systematischen Teil mit den eingangs dargelegten historischen Positionen: „Betrachtet man die drei Formen von Wissenschaftskritik, wie sie hier kurz skizziert worden sind, so kann man sagen, dass es die feministische Wissenschaftskritik ist, die dem Anspruch Husserls, Heideggers und Wittgensteins [...] am allernächsten kommt." (ebd.: 32) Die Funktion der Systematik liegt in diesem Beispiel also darin zu untersuchen, ob bzw. in welchen Bereichen sich zeitgenössische und historische Wissenschaftskritik überschneiden.

Beispiel II

Ein zweites Beispiel für eine Systematik bietet das von JOACHIM EIBACH und GÜNTHER LOTTES herausgegebene Handbuch *Kompass der Geschichtswissenschaft* (2002). Natürlich übersteigt ein solcher Sammelband vom Umfang und Anspruch her bei Weitem die Anforderungen an alle im Studium zu schreibenden Arbeiten (einschließlich der Abschlussarbeiten). Aber das Vorgehen ist exemplarisch für einen systematischen Ansatz, der sich auch in viel kleineren Dimensionen realisieren lässt.

Aufbau

Das im Vorwort formulierte Ziel des Bandes ist die „Orientierung in einer internationalen Forschungslandschaft, die kaum noch überschaubar ist“ (7). Die Unübersichtlichkeit ist das Resultat einer Vielzahl von neuen Perspektiven, neuen Themen und neuen Methoden in der zunehmend global vernetzten Geschichtswissenschaft. Will man zur Orientierung beitragen, muss man dominante Richtungen und Betrachtungsweisen in der Geschichtswissenschaft unterscheiden. Der Band tut genau dies, indem er fünf aktuelle Ansätze vorstellt: Sozialgeschichte, Politik- und Verfassungsgeschichte, Neue Ideengeschichte, Neue Kulturgeschichte sowie postmoderne Ansätze in der Geschichtswissenschaft. Um Unterschiede und Gemeinsamkeiten besser herauszuarbeiten, sind diese fünf Kapitel wiederum zweigeteilt: Es gibt jeweils zuerst eine einführende Überblicksdarstellung (in den meisten Fällen so betitelt wie der jeweilige Ansatz), danach eine kritische Auseinandersetzung.

Ziel

Wie die beiden Beispiele deutlich machen, strebt eine Systematik in erster Linie die Ordnung eines unübersichtlichen Bereichs, hier der unterschiedlichen Ansätze der zeitgenössischen Wissenschaftskritik bzw. Geschichtswissenschaft, an. Das Ziel ist dann erreicht, wenn eine einleuchtende und der Fragestellung entsprechende Differenzierung entwickelt ist.

6 Modell VI: Vergleich und Typologie

Vergleich

Ein Vergleich ist eine Form der Systematik, die über die Ordnung des unübersichtlichen Gegenstandsbereichs hinaus noch ein weiteres Ziel verfolgt: die kontrastive Bewertung der unterschiedenen Phänomene, Objekte oder Bereiche. Dazu benötigt man (mindestens) ein zentrales Vergleichskriterium. Wenn man zum Beispiel Schuhe kaufen geht und mehrere Paare zur Auswahl hat, stellt man zunächst eine Systematik der Vor- und Nachteile auf, um das beste Paar zu ermitteln. Kriterien können Farbe, Marke, Preis, Material, Verarbeitung, Tragekomfort oder die Meinung eines Dritten sein. Schneiden alle gleich ab, kann man entweder alle kaufen (oder keines), oder eines der Vergleichskriterien (z. B. den Preis) den Ausschlag geben lassen. Dieses Kriterium wird dann als entscheidend beurteilt.

Wissenschaftlicher Vergleich

Auch wissenschaftliche Vergleiche kommen auf diese Weise zustande. Der Unterschied zum Schuhvergleich besteht lediglich darin, dass erstens die Vergleichskriterien genau benannt und ggf. definiert werden müssen, und dass zweitens begründet werden muss, warum das für den Vergleich ausschlaggebende Kriterium im Kontext der jeweiligen Argumentation besonders relevant ist. Diese Begründung ergibt sich aus dem Erkenntnisinteresse und der Fragestellung der jeweiligen Arbeit, die ja in der Einleitung formuliert werden.

Qualität

Die Qualität eines wissenschaftlichen Vergleichs hängt von zwei Faktoren ab. Zum einen müssen natürlich die Vergleichsgegenstände vergleichbar, d. h. Unterarten einer gemeinsamen Oberkategorie sein. Ist diese Vergleichbarkeit nicht gegeben, ist der Vergleich nicht aussagekräftig. Zweitens hängt die Qualität eines Vergleichs davon ab, wie eindeutig die Unterarten differenziert werden können. Sind die unterschiedenen Phänomene zu ähnlich bzw. die Vergleichskriterien nicht gut gewählt, so hält auch der gesamte Vergleich einer kritischen Prüfung nicht stand.

„gute" Kriterien

Was aber sind ‚gute' Kriterien? Um die Problematik zu verdeutlichen, wird in Abb. 4.1 ein Vergleich unterschiedlicher Fahrzeugarten angestellt. Dabei handelt es sich um eine Sonderform des Vergleichs, eine sog. Gattungstypologie, die bestimmte Unterarten einer Gattung systematisch zueinander in Beziehung setzt, um eine eindeutige Klassifizierung aller vorkommenden Arten einer Gattung (hier: Autos) zu ermöglichen. Für Autos gelten dabei dieselben Bedingungen wie für Tiere oder sonst irgendeinen Gegenstand, den man gattungstypologisch erfassen will:

	Sportwagen	Kombi	SUV	Transporter
Antrieb	Heck	Front	Allrad	Front
Gewicht	leicht	mittel	sehr schwer	schwer
Verbrauch	hoch	niedrig	sehr hoch	mittel
Lenkrad	Ja	Ja	Ja	Ja
Funktion	Freizeitauto	Familienauto	Geländewagen	Nutzfahrzeug

Abb. 4.1: Typologie I (Fahrzeugarten)

Bedingungen

Die Kriterien, mit deren Hilfe sich Autos vergleichen lassen, müssen eine Reihe von Bedingungen erfüllen. Erstens müssen sie möglichst eindeutige Gruppenbildungen ermöglichen, also ‚trennscharf' sein. Das Kriterium ‚Lenkrad' etwa lässt sich in unserer Gegenüberstellung für alle Fahrzeugarten mit ‚ja' beantworten. Damit erweist sich das Kriterium aber als nicht trennscharf und damit als unbrauchbar, da es nicht zum Ziel des Vergleichs, einer Differenzierung zwischen den Fahrzeugarten, beiträgt. (Dieser Befund entspricht natürlich dem gesunden Menschenverstand und zeigt damit en passant, dass Wissenschaft gar nicht so weltfern ist wie oft behauptet, sondern lediglich ein bisschen exakter). Zweitens müssen Kriterien typspezifische Eigenschaften beschreiben. So könnte die Farbe des Autos bei einzelnen Exemplaren der vier Fahrzeugarten durchaus unterschiedlich (oder auch gleich) sein, doch kein Serienfahrzeug für den Massenmarkt wird in nur einer Farbe produziert. Da damit das Kriterium Farbe nicht typspezifisch ist, kann es nicht zu einer typologischen Unterscheidung beitragen. Drittens ist ein quantitativer Aspekt zu beachten: Es müssen trennscharfe und typspezifische Kriterien in ausreichender Anzahl vorhanden sein, um eindeutig einzelne Typen klassifizieren zu können.

Typologie

Während also für einen einfachen Vergleich ein Kriterium durchaus genügen kann, sind für eine Gattungstypologie aufgrund des größeren Geltungsbereichs, den sie für sich beansprucht, hinsichtlich der Kriterien besondere Ansprüche zu stellen. Der Geltungsanspruch einer Gattungstypologie ist im Prinzip universell: Alle Lebewesen, Gegenstände oder Phänomene, die zu der klassifizierten Art gehören, müssen sich (im Idealfall) mit Hilfe klar definierter Kriterien einem Untertyp zuordnen lassen. Aufgrund der besonderen quantitativen und qualitativen Ansprüche an die Vergleichskriterien lassen sich diese nicht nur zur Differenzierung der unterschiedlichen Typen heranziehen, sondern auch zu ihrer Charakterisierung: Eine Gattungstypologie arbeitet mit Merkmalsmustern, die sich in einer Merkmalsmatrix zusammenstellen lassen.

Beispiel

Ein Beispiel für eine Gattungstypologie im Bereich der Literaturwissenschaft ist die von Ansgar Nünning auf der Grundlage von 250 Primärtexten entwickelte Typologie des historischen Romans (*Von historischer Fiktion zu historiographischer Metafiktion*, Trier 1995). Auf der Grundlage der vier Kriterien ‚Selektionsstruktur', ‚dominanter Zeitbezug', ‚Ebenen und Formen der Geschichtsvermittlung' sowie ‚Relation zwischen fiktionalem Geschichtsmodell und historiographischem Wissen' werden fünf Typen des zeitgenössischen Geschichtsromans unterschieden, nämlich der dokumentarische, realistische und revisionistische Geschichtsroman sowie der metahistorische Roman und die historiographische Metafiktion.

Typen / Kriterien	Dokumentarischer Geschichtsroman	Realistischer Geschichtsroman	Revisionistischer Geschichtsroman	Metahistorischer Roman	Historiographische Metafikation
Selektionsstruktur	heteroreferentiell	←	→	→	autoreferentiell
Dominanter Zeitbezug	chronologisch, vergangenheitsorientiert	←	→	→	Durchbrechung der Chronologie, Spiel mit Temporalität
Ebenen und Formen der Geschichtsvermittlung	Geschichtsdarstellung	←	→	→	Geschichtsreflexion
fiktionalies vs. historiographisches Geschichtsmodell	hohe Kongruenz	←	→	→	geringe Kongruenz

Abb. 4.2: Typologie II: Der historische Roman (nach Ansgar Nünning)

Skalierung

Die vier genannten Kriterien sind in dieser Typologie als Skalen zwischen zwei entgegen gesetzten Polen konzipiert. Sie ermöglichen damit gleitende Übergänge zwischen unterschiedlichen Merkmals-Clustern und damit auch zwischen Romantypen und tragen so der Besonderheit des typologisch erfassten Objektbereichs Rechung: Romane sind Kunstwerke, und Kunstwerke lassen sich nicht so eindeutig festen Gattungstypen oder Klassen zuordnen wie Tiere oder Autos. Die Flexibilität der Typologie bei gleichzeitiger Aussagekraft (jeder historische Roman lässt sich auf den vier Skalen verorten) ist eine Besonderheit der ‚weichen' Theoriebildung in den Geisteswissenschaften.

Keine Angst!

Bevor Sie sich jetzt verzweifelt die Haare raufen, weil Sie sich unter diesen Begriffen nichts vorstellen können, obwohl Sie vielleicht sogar eine literaturwissenschaftliche Arbeit schreiben müssen: Keine Angst! Niemand erwartet von Ihnen, dass Sie komplexe Ordnungsschemata wie diese Typologie auf Anhieb verstehen, und schon gleich gar nicht, dass Sie selbst so etwas entwickeln (können)! Typologien wie diese setzen eine jahrelange intensive Auseinandersetzung sowohl mit der Theorie als auch mit der Primärliteratur voraus – 250 Romane aus einer Epoche sind selbst auf ambitionierten Leselisten für das Anglistikstudium nicht zu finden. Nicht einmal in einer Doktorarbeit wird eine so umfassende Materialbasis erwartet.

Keine Berührungsängste!

Warum aber werden Typologien und die Problematik der Definition von Differenzierungskriterien hier überhaupt vorgestellt? Schließlich richtet sich dieses Buch doch an Studierende? Die Antwort auf diese Frage ist nahe liegend: Niemand erwartet, dass Sie selbst aktiv eine solche Typologie entwickeln können, wohl aber kann man im Hauptstudium verlangen, dass Sie sich kritisch mit gängigen Typologien auseinandersetzen und sich dabei grundlegende Fähigkeiten der Modellbildung und -kritik aneignen. Schließlich ist das Fernziel des akademischen Schreibens ja die wissenschaftliche Schreibkompetenz, und diese erreicht man nur, indem man sich zunächst mit wissenschaftstheoretischen Grundlagen beschäftigt, um sich später einmal, etwa im Rahmen der Abschlussarbeit, in Ansätzen selbst an komplexeren Strukturen zu versuchen.

Differenzieren üben

Das Ziel der Beschäftigung auch mit den komplexeren Organisationsformen wissenschaftlicher Texte ist also, die Logik, aber auch die Sprache des Differenzierens zu erlernen und zu üben. Beide Aspekte – die Unterscheidung als zentrale wissenschaftliche Operation im Dienst des Erkenntnisfortschritts (was ich genauer kennen gelernt habe, weiß ich besser zu verstehen und präziser zu benennen) und die sprachliche Differenzierung als Zwang zur terminologischen Präzision – führt hin zu den Hauptkomponenten wissenschaftlicher Kompetenz, die es im Studium zu lernen gilt (vgl. Abb. 1): logisches Denken, systematisches Strukturieren, nachvollziehbares Argumentieren und präzises Formulieren. Dieses übergeordnete Studienziel kann man nur dadurch erreichen, dass man sich so früh wie möglich auch mit komplexen Texten und Denkmodellen auseinandersetzt und zudem das Differenzieren auch in eigenen Arbeiten auf niedrigerem Niveau übt: Zwischen reinen Synopsen und Paraphrasen am einen Ende des Spektrums und den komplizierten Typologien am anderen Ende gibt es ja auch noch die Zwischenstufen der systematischen Beschreibung und des einfachen Vergleichs, die bereits in Hauptseminararbeiten erwartet werden.

Kriterien finden

Wo und wie findet man aber Kriterien? Da von studentischen Arbeiten weder wissenschaftliche Innovationen noch eine professionellen Arbeiten entsprechende Materialgrundlage erwartet werden, muss man Differenzierungskriterien nicht selbst entwickeln. Eigenständig arbeitet in diesem Kontext bereits, wer in der Sekundärliteratur geläufige Beschreibungskriterien findet und diese zur Differenzierung eines selbst definierten Bereichs kombiniert. Natürlich muss man dazu die in der Sekundärliteratur vertretenen Thesen und Argumentationen verstehen und referieren können (s. o.) – es genügt keinesfalls, Zitate herauszugreifen, aus ihren Zusammenhängen zu lösen und den eigenen Text darum herum zu strukturieren.

7 Modell VII: Historische Darstellung

Geschichte

Zum Abschluss dieses kurzen Überblicks über gängige Argumentationsmuster in der Wissenschaft soll noch auf die Prinzipien historisch angelegter Arbeiten kurz eingegangen werden. Diachrone Ansätze findet man nicht nur in der Geschichtswissenschaft, sondern z. B. auch in den Literatur- und Sprachwissenschaften. Generell lassen sich zwei Typen historischer Arbeiten unterscheiden: solche mit eher theoriegeleiteter Fragestellung, die auf der Grundlage eines bestimmten Text- oder Quellenkorpus bearbeitet wird, oder Arbeiten ohne theoretischen Fokus, die die Strukturierung und Analyse der Quellen in den Vordergrund stellen.

Theoriedebatte

Die Theoriedebatten der vergangenen Jahrzehnte zum Verhältnis von Narrativität und Geschichtsschreibung (Historiographie) zeigen, dass Geschichtsschreibung keineswegs rekonstruiert, wie die Vergangenheit tatsächlich war, unmittelbare Einblicke in vergangene Epochen ermöglicht oder Erklärungen für den Verlauf der Geschichte liefert. Geschichtstheoretiker vertreten seit den 1970ern die These, dass kulturell geprägte Erzählmuster die wissenschaftliche Wahrnehmung und die Darstellung historischer Sachverhalte prägen. In einer einflussreichen Studie über die Geschichtsschreibung im 19. Jahrhundert (*Metahistory*, 1973) vertritt HAYDEN WHITE die provokative These, dass literarische Handlungsmuster wie die Komödie und die Tragödie, aber auch Metaphern und Metonymien die Darstellungsweisen der Geschichtsschreibung maßgeblich beeinflussen. Geschichte zu schreiben heißt WHITE zufolge immer, Geschichten zu erzählen.

Dilemma

Auch wenn man dieser radikalen Infragestellung wissenschaftlicher Objektivität, die von weiten Teilen der Geschichtswissenschaft bis heute strikt zurückgewiesen wird, nicht zustimmt, lässt sich doch nicht leugnen, dass die Geschichtsschreibung mit mehreren fundamentalen Problemen konfrontiert ist: Wie soll man etwa zwischen kausalen Ursachen und zufälligen Koinzidenzen unterscheiden? Wie sollen sich im Nachhinein die Gründe für eine Entwicklung rekonstruieren lassen, wenn man nur deren Auswirkungen, nicht aber die Ursachen kennt? Wie soll man schließlich Geschichte schreiben, ohne bis zu einem gewissen Grad dabei Kausalität zu konstruieren? Dieses Dilemma bringen Kolmer und Rob-Santer (2006: 54) auf den Punkt: „Die Menschen wollen Kausalität und Rationalität in der Geschichte sehen, diese aber gibt es nicht immer, – wenn, am ehesten als Leistung der kausal strukturierten ‚Erzählung' des Geschichtsschreibers."

Reflexion

Die Aufgabe wissenschaftlicher Arbeiten mit einer historischen Argumentation besteht auch darin, diese Probleme zu reflektieren. Ein Ereignis kann die Ursache vieler nachfolgender Ereignisse sein, die wir gar nicht alle kennen. Selbst wenn man einen Ursache-Wirkungs-Strang nachvollzieht, lässt man dabei parallele Verknüpfungen (bzw. Verknüpfungsmöglichkeiten) außer Acht. Eine vollständige Rekonstruktion aller Auswirkungen eines Ereignisses (vgl. Abb. 4.3) ist daher unmöglich. Noch komplizierter wird es, wenn man sich vor Augen hält, dass für die historiographische Arbeit ja die Ursachen einer Entwicklung gar nicht vorliegen – uns sind immer nur die Auswirkungen von Ereignissen bekannt. Historische Arbeiten können also immer nur aus der Retrospektive versuchen, Ursachen von Ereignissen zu rekonstruieren (vgl. Abb. 4.4).

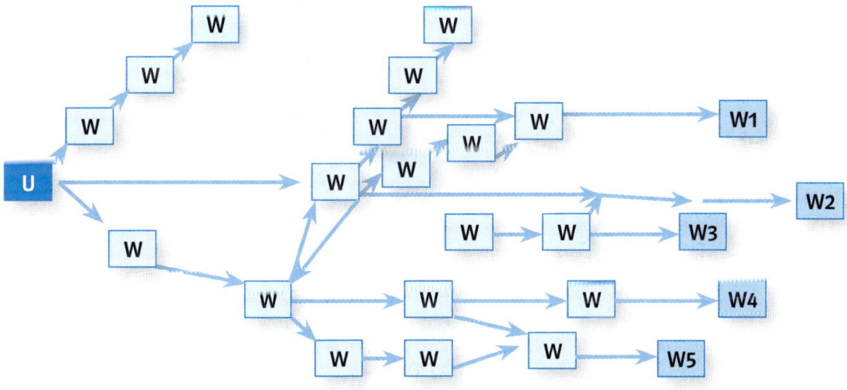

Abb. 4.3: Ursache-Wirkungs-Schema (vgl. Kolmer/Rob-Santer 2006: 55)

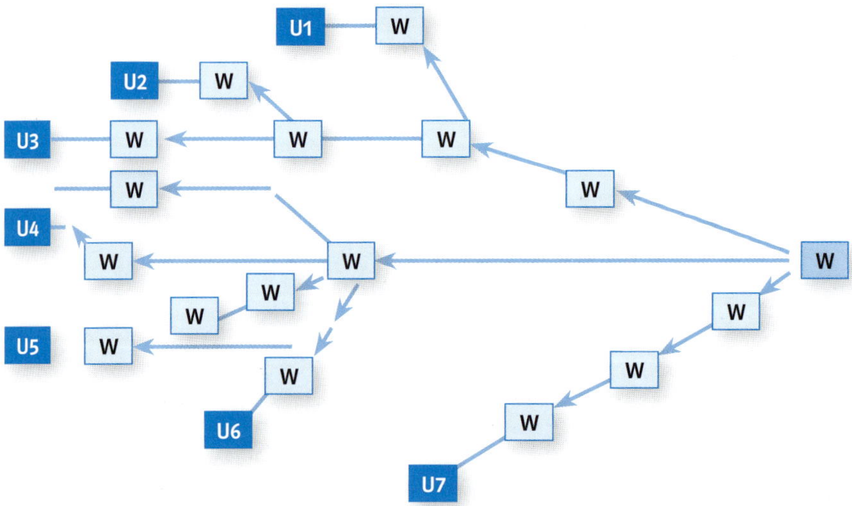

Abb. 4.4: Die Arbeit des Historikers/der Historikerin
(vgl. Kolmer/Rob-Santer 2006: 56)

Standardthemen

Auch hier gilt wieder, dass Studierende sich dieser Problematik zwar bewusst werden sollten, diese aber in ihren eigenen Arbeiten nicht unbedingt reflektieren müssen. Die in den Seminaren verteilten Themenvorschläge sind in der Regel Standardthemen mit klar umrissener, längst erschlossener und leicht zugänglicher Materialbasis, an der sich das wissenschaftliche Arbeiten üben lässt. Eigene Archivstudien, in denen neues Material ans Tageslicht gefördert oder neuen Fragestellungen nachgegangen wird, überschreiten den Rahmen von Seminararbeiten und bleiben der Abschluss- oder auch erst der Doktorarbeit vorbehalten.

8 Kombinierte Argumentationsmuster: Beispiel Forschungsbericht

Kombinieren!

Die sieben Argumentationsmuster, die in den vorangegangenen Abschnitten vorgestellt wurden, sind nicht als einander ausschließende Alternativen zu verstehen: Man muss sich nicht auf das Definieren, Ordnen oder Vergleichen festlegen. Vielmehr handelt es sich dabei um wissenschaftliche Operationen, die meist zusammenwirken müssen, um ein bestimmtes Ziel zu erreichen. Beim wissenschaftlichen und auch beim akademischen Schreiben werden daher unterschiedliche Argumentationsmuster kreativ verknüpft. Wie dies geschieht, soll zum Abschluss dieses Teilkapitels über den Hauptteil einer Seminar- oder Abschlussarbeit an zwei Beispielen erläutert werden, der Begriffsfeldanalyse und dem Forschungsbericht.

Begriffsfeldanalyse

Unter einer Begriffsfeldanalyse versteht man einen systematischen Vergleich unterschiedlicher Definitionen zentraler Konzepte innerhalb eines wissenschaftlichen Ansatzes. Ein besonders anschauliches Beispiel für eine solche Arbeit mit Definitionen, aus der sich die Notwendigkeit zu weiterer wissenschaftlicher Präzisierung ergibt, ist die von MONIKA FLUDERNIK vorgelegte Analyse narratologischer Begrifflichkeiten (*The Fictions of Language and the Languages of Fiction: The Linguistic Representation of Speech and Consciousness*, Ldn./N. Y. 1992, S. 62). Wie die folgende Tabelle zeigt, bezeichnen etwa CHATMAN und RIMMON-KENAN mit demselben Begriff (*story*) Unterschiedliches, während PRINCE und STANZEL für dasselbe Phänomen zwei verschiedene Begriffe (*narrated* bzw. *story*) benutzen – und STANZELS Auffassung von *story* deckt sich wiederum weder mit der von CHATMAN noch mit der von RIMMON-KENAN.

<table>
<tr><th></th><th>Events in chronological order</th><th>Events causally connected</th><th>Events ordered artistically</th><th>Text on page</th><th>Narration as enunciation</th></tr>
<tr><td>Genette</td><td colspan="2">histoire</td><td colspan="2">discours (récit)</td><td>narration (voice + focalization)</td></tr>
<tr><td>Chatman</td><td>story</td><td colspan="4">discourse</td></tr>
<tr><td>Bal</td><td>fabula</td><td colspan="2">story and focalization</td><td colspan="2">narration (plus language, plus voice)</td></tr>
<tr><td>Rimmon - Kenan</td><td colspan="2">story</td><td colspan="2">text</td><td>narration</td></tr>
<tr><td>Prince</td><td colspan="3">narrated</td><td colspan="2">narrating</td></tr>
<tr><td>Stanzel</td><td colspan="3">story</td><td colspan="2">mediation by teller or reflector + enunciation if teller figure</td></tr>
</table>

Abb. 4.5: Die narratologische Verwendung des Begriffs *story* (nach MONIKA FLUDERNIK)

Leistung

Eine so kompetente Analyse der Verwendungen von Fachtermini erfordert eine Verknüpfung mehrerer wissenschaftlicher Operationen und Argumentationsmuster: Die unterschiedlichen Verwendungsweisen müssen beschrieben, systematisch geordnet und verglichen werden. Es werden also unterschiedliche Analyse- und Syntheseleistungen erbracht. Häufig schließt sich an eine solche Vorarbeit auch noch eine eigene Definition der diskutierten Fachtermini an. Das Resultat ist eine terminologische Klärung, die Missverständnisse bei der Verwendung der untersuchten Begriffe verhindert und damit die weitere wissenschaftliche Kommunikation in diesem Bereich vereinfacht – ein zentrales Ziel wissenschaftlicher Arbeit.

Forschungsbericht

Ein zweites Beispiel für die Verknüpfung von Argumentationsmustern ist der Forschungsbericht. Darunter versteht man einen systematischen Überblick über die aktuelle Forschungslage zu einem bestimmten Thema: Welche Positionen werden von wem vertreten, lassen sich bestimmte Gruppierungen oder ‚Schulen' ausmachen, die eine bestimmte Auffassung repräsentieren, und welche Forschungsbeiträge können für die weitere Entwicklung in dem betreffenden Bereich als richtungweisend gelten? Ein kompetenter Forschungsbericht verbindet also Beschreibungen und Paraphrasen mit dem Referieren wissenschaftlicher Debatten und dem Vergleich unterschiedlicher Standpunkte und strebt darüber hinaus vielleicht sogar die typologische Ordnung der einschlägigen Forschungsliteratur an.

Forschungsdesiderate

Solche Forschungsberichte sind meist am Beginn des Hauptteils einer Arbeit angesiedelt, denn sie dienen der Identifizierung von Forschungslücken, sog. Forschungsdesideraten, die in der jeweiligen Arbeit dann gefüllt bzw. bearbeitet werden. Aufgrund des großen Aufwands (die genaue Kenntnis der relevanten Sekundärliteratur ist die Voraussetzung) werden Forschungsberichte erst in Abschlussarbeiten und später, in größerem Umfang, in Dissertationen erwartet.

Seminararbeiten

Doch auch Hauptseminararbeiten können versuchen, zumindest einen kleinen Ausschnitt der Forschungsliteratur zu überblicken: Damit zeigt man, dass man das Prinzip wissenschaftlicher Arbeiten bereits verinnerlicht hat. Da man als Student(in) natürlich nicht sicher sein kann, welche Positionen nun repräsentativ, richtungweisend oder vielleicht äußerst kontrovers sind, sollte man ruhig in der Sprechstunde nachfragen – allerdings erst dann, wenn man den Mini-Forschungsüberblick bereits nach bestem Vermögen fertig gestellt hat (sonst sieht es so aus, als würde man sich vor der aufwendigen Recherche und Lektüre drücken wollen).

4 Rahmentext II: Das Schlusskapitel

Funktionen

Dem Schlusskapitel einer Arbeit, auch bezeichnet als Fazit, Resümee oder Zusammenfassung, messen Ratgeber zum wissenschaftlichen Schreiben – anders als Korrektor(inn)en und Leser(innen) – meist nur wenig Bedeutung zu. Dabei erfüllt ein guter Schluss drei wichtige Funktionen:

1. Er stellt die Ergebnisse der Materialanalysen vor (**Ergebnispräsentation**).
2. Er stellt explizit den Bezug zwischen den Ergebnissen der Analysen und Interpretationen auf der einen und den theoretischen Vorannahmen auf der anderen Seite her und komplettiert dadurch den in der Einleitung etblierten Rahmen der Arbeit (**Rahmungsfunktion**).
3. Er kann einen Ausblick auf weitere Forschungsdesiderate in dem bearbeiteten Bereich geben (**Ausblick**).

Zusammenfassung?

Diese drei Funktionen des Schlusskapitels zeigen, dass der häufig von Studierenden gewählte Modus der Zusammenfassung nicht ausreicht: Man will am Schluss der Arbeit nicht dasselbe noch einmal in kürzerer Form und leicht abgewandelter Sprache lesen, denn eine solche Inhaltsparaphrase bringt keinerlei zusätzliche Erkenntnisse und ist damit überflüssig.

Vielmehr sollte es darum gehen, systematisch die im Hauptteil festgestellten Teilergebnisse zusammenzutragen und mit Blick auf die zentrale Fragestellung auszuwerten: Was hat die Arbeit gebracht?

Ergebnispräsentation

Dazu sind noch einmal die Erkenntnisinteressen, Vorannahmen und Thesen kurz in Erinnerung zu rufen: Was wollte die Arbeit zeigen, von welchen Voraussetzungen ist sie ausgegangen und inwiefern haben sich die zentralen Thesen bestätigt? Besonders wichtig ist dabei eine differenzierte Vorgehensweise. Es genügt nicht, festzustellen, dass die Arbeit gezeigt hat, was sie zeigen wollte (das wäre nur eine Behauptung). Vielmehr geht es darum, überzeugend darzulegen, wie sie argumentiert hat: Welche Ergebnisse der Analysen und Interpretationen lassen sich als ein Beleg für die Ausgangsthese(n) auffassen, welche Befunde lassen sich nur schwer interpretieren bzw. zuordnen und welche widersprechen vielleicht sogar den Vorannahmen?

Bezüge herstellen

Um zu einer differenzierten abschließenden Betrachtung zu gelangen, muss man Bezüge zwischen den zentralen Textteilen herstellen, insbesondere zwischen der Einleitung, dem Theorieteil und den Zwischenergebnissen der einzelnen Interpretations- oder Analyseschritte. Durch diese Bezüge erfüllt der Schlussteil seine zweite Aufgabe, die Rahmungsfunktion: Einleitung und Schluss rahmen den Hauptteil ein und integrieren die dazwischen liegenden Textteile durch Vorverweise (Einleitung) bzw. Rückverweise und Resümee (Schluss) in den Gesamttext. Auf diese Weise wird verhindert, dass die Argumentation in eine beliebige Aneinanderreihung unterschiedlicher Aspekte zerfällt und dadurch die Einheit und Kohärenz des Textes gefährdet wird.

Gutes Ergebnis?

Da es der Wissenschaft ja in erster Linie um die kritische Überprüfung von Thesen geht, kann es durchaus vorkommen, dass im Schlussteil Widersprüche und Probleme in den Blick geraten, die in der Einleitung nicht berücksichtigt oder antizipiert wurden. Solche Widersprüche dürfen natürlich nicht die zentrale These widerlegen und damit die gesamte Argumentation hinfällig machen – ist dies der Fall, sollte man die Arbeit noch einmal grundlegend überarbeiten. Denn die Feststellung, dass die Ergebnisse der Materialanalysen und Textinterpretationen den theoretischen Annahmen komplett widersprechen und diese vielleicht sogar ad absurdum führen, ist natürlich kein zufrieden stellendes Fazit einer wissenschaftlichen Arbeit. Ein solches Ergebnis würde vielmehr nahelegen, dass bei der Konzeption des Theoriedesigns keine ausreichende Kenntnis des Materials vorhanden war.

Ausblick

Kleinere Abweichungen von den Vorannahmen oder auch Schwierigkeiten bei der Arbeit mit den Primärtexten können und sollten hingegen durchaus im Schlussteil diskutiert werden. Professionelle wissenschaftliche Studien leiten aus den eigenen Ergebnissen Forschungsdesiderate ab, die Anlass zu weiteren Arbeiten geben und somit Anschlussforschung ermöglichen. In studentischen Arbeiten zeigt eine differenzierte Bewertung am Schluss Problembewusstsein und die Fähigkeit, die Leistungen der eigenen Arbeit von einer übergeordneten Perspektive aus kritisch einzuschätzen.

TIPP

Das Schlusskapitel kann auch als Mittel der ***Qualitätskontrolle*** *fungieren: Wenn sich bei der abschließenden Rahmung herausstellt, dass nicht alle Leitfragen aus der Einleitung beantwortet oder Teilbereiche nicht bearbeitet wurden, muss nachgebessert werden (entweder durch eine weitere Eingrenzung des Gegenstandsbereichs in der Einleitung oder eine Erweiterung der Argumentation im Hauptteil der Arbeit). Auch die Ergebnispräsentation kann Lücken und Defizite offenbaren, die eine Überarbeitung der Argumentation erforderlich machen.*

„*Eine [wissenschaftliche] Arbeit schreiben bedeutet also zu lernen, in die eigenen Gedanken Ordnung zu bringen und Angaben zu ordnen: es ist das Erfahren der methodischen Arbeit; d.h. es geht darum, einen ‚Gegenstand‘ zu erarbeiten, der im Prinzip auch für andere nützlich sein kann. Und darum ist* das Thema der Arbeit weniger wichtig als die Erfahrung, die sie mit sich bringt.“ (Eco 2005 [1977]: 12f., Herv. im Orig.)

1 Das Fünf-Phasen-Modell

Fünf-Phasen-Modell

Das vorangegangene Kapitel hat im Detail aufgezeigt, wie die Bestandteile einer Seminar- oder Abschlussarbeit (Rahmentexte, Hauptteil) aufgebaut und aufeinander bezogen sind. Um noch deutlicher zu machen, welche Schritte zu unternehmen sind, um dies zu erreichen, und um die Abfolge darzulegen, in der diese Schritte zu planen und durchzuführen sind, wird in diesem Kapitel der Schreibprozess in den Mittelpunkt gerückt. Die zahlreichen Arbeitsschritte von der ersten Idee hin bis zur Abgabe der fertigen Arbeit lassen sich fünf Phasen zuordnen:

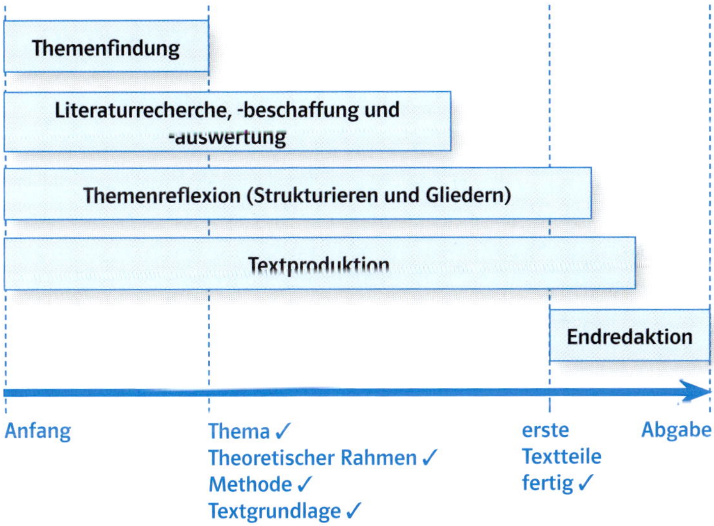

Abb. 5.1: Die fünf Phasen des Schreibprozesses

Multitasking

Zu beachten ist, dass sich die fünf Phasen in der Praxis häufig überschneiden, das Modell also eine Multitasking-Situation wiedergibt: Bis auf die letzten Tage bzw. Stunden, wenn nur noch das Korrekturlesen und Textlayout auf dem Programm stehen, werden Sie kontinuierlich mehrere Arbeitsprozesse parallel durchführen und diese daher sorgfältig koordinieren müssen. Insbesondere in der Phase der Themenfindung ist Multitasking an-

gesagt: Jeder neue Aufsatz kann Ideen enthalten, die die eigene Argumentation beeinflussen und vielleicht sogar zu einer Änderung des Arbeitstitels führen. Auch die Arbeit an der Struktur ist keineswegs mit dem Beginn der Textproduktion abgeschlossen: Meistens stellt man während des Schreibens die Arbeitsgliederung noch mehrmals um. Trotz zahlreicher Wechselwirkungen dieser Art werden aus analytischen Gründen die fünf Phasen im Folgenden dennoch als eine Abfolge separater Schritte dargestellt:
1. die Themenfindung,
2. die Themenreflexion,
3. die Literatursuche, -beschaffung und -verarbeitung,
4. die Textproduktion und
5. die Endredaktion.

Hinzu kommt als sechster Schritt u. U. noch das Überarbeiten, falls die Arbeit in der eingereichten Fassung aufgrund offensichtlicher und gravierender formaler oder inhaltlicher Mängel nicht angenommen, sondern zur Verbesserung zurückgegeben wird.

2 Ideen evaluieren, Fragestellungen präzisieren, Arbeitstitel formulieren: die Themenfindung

1 Was ist ein ‚gutes' Thema?

Themenlisten

Manche Textsorten, insbesondere der Essay, geben die genaue Aufgabenstellung vor. In der Regel werden auch für Hausarbeiten im Grund- und Hauptstudium fertig formulierte Themen vergeben. Allerdings müssen die Studierenden bei Hauptseminararbeiten die Fragestellung selbst ausarbeiten (s. u.). Bei der Abschlussarbeit wird verlangt, dass man sich eigenständig ein Thema sucht. Deshalb konzentrieren sich die folgenden Ausführungen zur Themensuche auf diesen Bereich.

Interesse

Bei Seminararbeiten ist das Thema „zweitrangig im Verhältnis zur Arbeitsmethode und zur Erfahrung, die man aus der Arbeit gewinnt" (Eco 2005: 13). Da es primär darum geht, das akademische Schreiben und wissenschaftliche Arbeiten zu üben, ist eine präzise theoretische und methodische Fokussierung ausschlaggebend: Ist mir klar, wie ich das Thema angehen und was ich untersuchen soll? Generell gilt aber: Je länger man sich mit einem Gegenstand beschäftigen wird, desto interessanter sollte er sein, weil sonst Motivationsprobleme drohen. Das Thema einer Doktorarbeit allein nach pragmatischen Gesichtspunkten zu wählen, wäre geradezu fatal, da man sich nicht nur mindestens zwei bis drei Jahre lang intensiv damit auseinandersetzen muss, sondern auch später innerhalb der *scientific community* als Spezialist(in) für den gewählten Ansatz bzw. Gegenstandsbereich gilt. Aber auch das Schreiben einer Abschlussarbeit geht leichter von der Hand, wenn man die Fragestellung spannend und den gewählten theoretischen Ansatz intellektuell anregend findet.

Pragmatismus

Dennoch sollte man auch bei der Wahl des Themas für die Abschlussarbeit pragmatische Aspekte nicht aus den Augen verlieren: Kann das Thema auf einer im Studium besuchten Veranstaltung aufbauen, so dass ich mich nicht völlig neu einarbeiten muss? Ist das Material leicht zugänglich (Bücher können vergriffen oder nur als Mikrofiche-Ausgabe zu bekommen sein, manche Themen erfordern aufwendige Archivstudien, und Erzeugnisse der Popkultur sind im Bibliotheksbestand nur selten enthalten)? Lässt sich das favorisierte Thema in der zur Verfügung stehenden Zeit bearbeiten?

Thema

Wie aber kann man ‚gute' von ‚schlechten' Themen unterscheiden und sich schließlich auf einen der zahlreichen Themenentwürfe festlegen, die man interessant findet? In der Alltagssprache meint man mit dem Thema einer Arbeit häufig nur das, was am Schluss vorne auf dem Titelblatt steht: ihren Titel. Genau genommen bezeichnet der Begriff (von gr. *théma*, ‚das Gesetzte') dem *Reallexikon der deutschen Literaturwissenschaft* zufolge aber die „einem Text zugrunde liegende Problem- oder Gedankenkonstellation" bzw. „das zentrale Organisationsprinzip, dem sich alle anderen Elemente und Strukturen eines Textabschnitts" nachordnen lassen, d. h. den „Leitgedanken" oder die „Leitidee" eines Textes.

„Gute" Themen

Thema in diesem, über den Titel hinausreichenden, Sinne ist ein Synonym der in der Wissenschaftssprache ebenso gebräuchlichen Bezeichnungen ‚Gegenstand' und ‚Fragestellung'. Die Definition zeigt implizit, wie ein ‚gutes' Thema beschaffen ist, d.h. ein Thema, das sich im Rahmen der vorgegebenen Textsorte und des erwünschten Seitenumfangs systematisch mit Hilfe der im Studium vermittelten Methoden und innerhalb der vorgegebenen Zeit bearbeiten lässt. Es sollte

- einen klar abgegrenzten Bereich benennen, der der Textsorte von Umfang und Komplexität her entspricht,
- auf einer ausreichenden und leicht zugänglichen Materialbasis beruhen,
- durch die Elemente des Titels bereits eine Argumentationsstruktur vorgeben und
- eine konkrete Leitidee enthalten, die auf den Text neugierig macht und als roter Faden dienen kann.

Beispiel

Am besten lässt sich dies an einem Beispiel erklären. Stellen Sie sich vor, das Thema einer Arbeit wäre:

1. Der Zweite Weltkrieg
2. Die Judenverfolgung im Zweiten Weltkrieg
3. Die Rolle der Wehrmacht bei der Judenverfolgung im Zweiten Weltkrieg
4. Die Rolle der Wehrmacht bei der Judenverfolgung im Zweiten Weltkrieg und ihre Beurteilung in der deutschen Militärgeschichtsschreibung
5. Die Rolle der Wehrmacht bei der Judenverfolgung im Zweiten Weltkrieg und ihre Beurteilung in der deutschen Militärgeschichtsschreibung im Kontext der Kontroverse um die Ausstellung „Verbrechen der Wehrmacht" (2001–2004) des Hamburger Instituts für Sozialforschung

Spezifizieren

Diese Arbeitstitel unterscheiden sich in dem Grad der Spezifizierung oder Präzisierung der Fragestellung. Alle fünf Themen lassen sich wissenschaftlich bearbeiten, aber in Projekten unterschiedlicher Größenordnung: von der mehrbändigen Enzyklopädie (1, 2) über die umfangreiche Monographie (3) bis hin zur Magisterarbeit (4) und Hauptseminararbeit (5). Eine 15-seitige Hauptseminararbeit mit dem Titel „Der Zweite Weltkrieg" würde sicher als unseriös zurückgewiesen werden, weil das Thema viel zu breit angelegt ist. Es liegt aber in der Natur der Wissenschaft, dass der Umkehrschluss nicht gilt: Über jedes noch so eng gewählte Thema lässt sich sehr viel schreiben – es kommt nur auf den Blickwinkel, die Detailfülle, die Fragestellung, das Erkenntnisinteresse und selbstverständlich die Kompetenz des Autors/der Autorin an.

Bestandteile

Diese Beispiele veranschaulichen auch die obige Definition eines ‚guten' Themas: Es bezeichnet oder impliziert einen Gegenstands- oder Objektbereich, die Methode, mit der man sich diesem nähert, und das Erkenntnisinteresse, also die Absicht, mit der diese Annäherung geschehen soll. Unsere Beispielarbeit zur Rolle der Wehrmacht etwa ist historisch ausgerichtet, strebt eine vergleichende Analyse historiographischer Darstellungen der Wehrmacht an und will dabei die kontroversen Standpunkte herausarbeiten, die im Streit um die Wehrmachtsausstellung vertreten wurden. Auf diese Weise soll auch gezeigt werden, dass retrospektive Bewertungen von Ereignissen kontinuierlich revidiert werden. All das gehört zum *Thema*, auch wenn es nicht explizit im *Titel* formuliert sein muss. Anders ausgedrückt: Die Themensuche ist abgeschlossen, wenn Sie all diese Fragen beantworten können, auch wenn am Ende auf dem Titelblatt der eingereichten Arbeit nicht mehr alle Schlüsselbegriffe auftauchen.

TIPP

Es ist wichtig, langfristig zu überlegen, wer die geplante Arbeit betreuen wird. Dazu sollte man sich mit Hilfe des Kommentierten Vorlesungsverzeichnisses sowie der Homepage des Instituts informieren, wer welche Schwerpunkte in Lehre und Forschung hat, und frühzeitig Kontakt aufnehmen. Zudem sollten Sie sich bereits bei der Wahl der Hauptseminare erkundigen, ob der/die Dozent(in) prüfungsberechtigt und fest am Institut angestellt ist. Denn Lehrbeauftragte und Vertretungen für Professuren können bereits an eine andere Universität gewechselt haben, wenn Sie eine(n) Betreuer(in) für die Abschlussarbeit suchen – und Sie stehen dann vor dem Problem, die wichtigste Arbeit in Ihrem Studium bei jemandem einreichen zu müssen, den/die Sie überhaupt nicht einschätzen können.

2 Von der Idee zum Thema

Was?

Im Prozess der Themenfindung ist zunächst die Frage nach den Untersuchungsobjekten zu klären: Was soll die Arbeit untersuchen? Das breite Spektrum der Artefakte, mit denen sich die Geistes- und Kulturwissenschaften beschäftigen, umfasst u. a. literarische Texte (Dramen, Gedichte, Romane), Werbeannoncen, Gebrauchstexte, journalistische Texte, politische Reden, historische Dokumente, Spiel- und Dokumentarfilme, Webseiten oder Musikstücke. Zum Glück ist in der Praxis jedoch stets bereits eine Vorauswahl getroffen: Bei der Wahl des Materials sind durch das Studienfach sowie die Interessensgebiete des Betreuers bzw. der Betreuerin Grenzen gesetzt.

Wie?

Sobald das Was geklärt ist, also die Texte, Quellen oder Medien feststehen, die untersucht werden sollen, ist das Wie zu klären: Welche Fragestellung liegt der Arbeit zugrunde? Im obigen Beispiel (Rolle der Wehrmacht) wäre dies die Eingrenzung des Themas auf die kontroverse Debatte im Kontext der Ausstellung des Hamburger Instituts für Sozialforschung. Es müsste also nicht historisch erforscht werden, worin die Rolle der Wehrmacht im Zweiten Weltkrieg bestand. Dafür könnte die Arbeit auf die umfangreiche Forschungsliteratur zum Thema zurückgreifen. Vielmehr würde es darum gehen, die einander widersprechenden **Interpretationen der Fakten** und die daraus abgeleiteten **Konsequenzen** (generelle Entlastung vs. kollektive Schuldzuweisung) zu diskutieren.

Grundidee

Wie aber kommt man überhaupt zu dem Thema ‚Rolle der Wehrmacht' und von dort zur Begrenzung der Fragestellung auf die Kontroverse um die Ausstellung? Ausgangspunkt jeder Themenwahl ist eine Grundidee, eine meist nur vage Ahnung davon, was als Gegenstand der Arbeit in Frage kommen könnte (z. B. retrospektive Aufarbeitung der Verbrechen des Nazi-Regimes). Konkretisieren lässt sich diese vage Ahnung durch Recherchen und *mind mapping*. Diese zwei Aktivitäten werden im Folgenden getrennt dargestellt. In der Praxis aber fallen sie häufig zusammen: Ergebnisse des *mapping* führen zu neuen Recherchen, und bei der Recherche ergeben sich neue Ideen für *mind maps*.

Recherche

Bei der Recherche ist grundsätzlich zu unterscheiden zwischen der ersten Orientierung während der Themensuche und der gezielten Literatursuche und -beschaffung, die in Kap 5.4 behandelt wird. Das dort besprochene systematische Bibliographieren kann natürlich erst beginnen, wenn das Thema feststeht. In der Orientierungsphase hingegen darf man ruhig intuitiv vorgehen: Es geht darum, erste Sach- und Hintergrundinformationen unterschiedlicher Art zu sammeln, die Anregungen geben können. Dazu eignen sich zum einen fachspezifische Nachschlagewerke (in der Bibliographie werden mit dem *Metzler Lexikon Literatur- und Kulturwissenschaft* und dem *Reallexikon* zwei Beispiele aus dem Bereich der Literaturwissenschaft genannt). Zum anderen ist das unsystematische Stöbern in der Zeitschriftenabteilung der Seminarbibliothek zu empfehlen: Die letzten Jahrgänge der einschlägigen Fachzeitschriften sind eine Fundgrube für aktuelle und interessante Themen.

Internet

Natürlich bietet sich in der Phase der Themenfindung auch das Internet an: Man kann bei Google oder einer anderen Suchmaschine Suchbegriffe eingeben, Onlinerezensionen lesen oder bei kostenlosen Enzyklopädien wie Wikipedia erste Begriffserklärungen finden. Allerdings ist erstens zu beachten, dass all diese Informationen nur zur Themenfindung dienen und keinesfalls das systematische Bibliographieren nach der Festlegung des Arbeitstitels ersetzen (vgl. Kap. 5.4). Zweitens müssen alle Informationen aus nicht-wissenschaftlichen (und damit nicht zitierfähigen) Quellen (Dazu zählt natürlich auch Wikipedia!) später mit Hilfe wissenschaftlicher Nachschlagewerke überprüft und durch wissenschaftliche Belege ersetzt werden.

Stoffsammlung

Das Ziel dieser Recherchen ist es, in einer Phase der Stoffsammlung weitere Anregungen zusammenzutragen, die die erste Grundidee ergänzen. Dabei kann es sich um relevant erscheinende wissenschaftliche Konzepte handeln, aber auch um die Namen von oft genannten Autor(inn)en, einschlägige Buchtitel, Theorien und Ansätze oder auch um konkrete Formulierungen aus Titeln von wissenschaftlichen Zeitschriftenartikeln, die sich auf den eigenen Themenbereich übertragen lassen. Zudem lohnt es sich bereits jetzt, über die Art der Durchführung nachzudenken: Welche Argumentationsmuster kommen für die Arbeit in Frage (vgl. Kap. 4.3)?

mind map

Das Resultat der Stoffsammlung ist eine ungeordnete Liste von Begriffen, Konzepten und Formulierungen, die in einem weiteren Schritt miteinander in Verbindung gebracht werden müssen. Dabei kann das *mind mapping* behilflich sein. Darunter versteht man die Visualisierung der Zusammenhänge zwischen unterschiedlichen Begriffen und Konzepten. Die graphische Darstellung wird durch entsprechende Software wie z. B. den Mind Manager von Mindjet unterstützt: Ein zentraler Begriff wird als Ausgangspunkt definiert, von dem aus zahlreiche Verzweigungen zu weiteren, untergeordneten Begriffen führen.

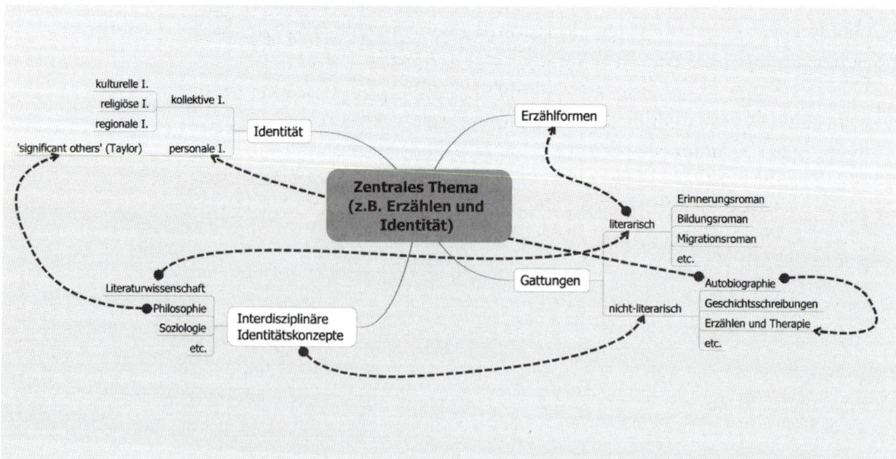

Abb. 5.2: Mind map

Varianten

Mind mapping funktioniert aber auch ohne Strom und Computer: Man nimmt ein Blatt Papier, am besten im (übersichtlicheren) Querformat, schreibt das zentrale Thema in die Mitte und ordnet dann alle Assoziationen als Schlüsselbegriffe darum herum an. Dabei werden alle Unterpunkte mit dem zentralen Begriff durch (evtl. farbige) Linien verbunden. Natürlich können von den Unterpunkten weitere Verästelungen ausgehen. *Mind maps* lassen sich auch auf Whiteboards (je größer, desto besser) aufzeichnen. Derselbe Effekt (Übersichtlichkeit) lässt sich mit Hilfe von Karteikarten erzielen: Auf jeder Karte wird ein Begriff oder Wortfeld notiert (alternativ: Stichpunktlisten, Zeichnungen, Namen, Zitate oder Kurztexte). Die Karten lassen sich dann in unterschiedlichsten Konstellationen auf einem Tisch oder dem Fußboden auslegen bzw. mit Klebstreifen an einer freien Wand arrangieren.

Beautiful Mind

Letzteres treibt Russell Crowe in dem Film *A Beautiful Mind* (2001) zum Extrem: Das Büro des schizophrenen Mathematikers ist schließlich mit Zeitungsausschnitten tapeziert. Damit wird allerdings das Gegenteil von dem erreicht, was *mind mapping*-Verfahren anstreben: Das Erkennen wichtiger Beziehungen zwischen Teilelementen durch die graphische Darstellung ihrer Zusammenhänge. Das Schöne daran ist, dass sich durch das Verschieben, Hinzufügen und Entfernen der Elemente und Verbindungslinien neue Anordnungen problemlos simulieren lassen, bis das Ideenfeld übersichtlich und einleuchtend strukturiert ist.

Arbeitstitel

Wenn über Materialbasis und Fragestellung der projektierten Arbeit (zumindest vorläufig) Klarheit besteht, kann man die Themensuche abschließen. Der nächste Schritt ist die Verbalisierung der in der *mind map* visualisierten Zusammenhänge (falls man mit *mind maps* oder ähnlichen Darstellungsverfahren arbeitet; das Ganze kann man natürlich auch im Kopf durchspielen): die Formulierung eines Arbeitstitels. Alle Titelvarianten bis zum Ende der Phase der Textproduktion sind als Arbeitstitel aufzufassen. Das Thema bleibt zwar gleich, aber der im Titel gewählte Fokus und natürlich auch seine konkrete Formulierung können sich noch ändern. Dies liegt daran, dass mit fortschreitendem Erkenntnisgewinn häufig die ursprünglichen Annahmen modifiziert werden müssen, was sich in Titeländerungen niederschlägt. Doch mit dem Arbeitstitel und den skizzierten Vorarbeiten haben Sie eine solide Grundlage geschaffen, auf der Sie im weiteren Verlauf aufbauen können.

3 Checkliste Themensuche

CHECKLISTE

Die Checkliste zur Themensuche empfiehlt zehn Schritte, die in dieser Reihenfolge zu gehen sind, wenn man sich systematisch und effizient ein Thema erarbeiten will:

- ✔ frühzeitig über Betreuer(in) der Abschlussarbeit nachdenken
- ✔ Grundideen sammeln: Durchsicht der Seminarunterlagen, der Kurslektüre (Sekundärliteratur), Gespräche mit Kommiliton(inn)en, Literaturrecherche
- ✔ Gewichtung der Grundideen nach eigener Präferenz
- ✔ erste Rücksprache mit Dozent(in) zur Festlegung der groben Richtung; falls alle Ideen verworfen wurden, zurück zu 2) oder Bitte um Anregungen
- ✔ systematische Literaturrecherche, gezielte Suche nach Einführungen und Überblicksdarstellungen zum anvisierten Themenbereich (vertiefende Studien zu Einzelaspekten sind in diesem Stadium noch nicht erforderlich)
- ✔ Bestimmung und erste Sichtung des Textkorpus (Primärtexte) bzw. der Daten und Quellen (um auszuschließen, dass das Material später nichts hergibt)
- ✔ Beschäftigung mit einschlägigen Theorien und Konzepten
- ✔ Auseinandersetzung mit Argumentationsmustern (Kap. 4.3), Experimente mit *mind maps* zur Zuordnung der einzelnen Bereiche
- ✔ Formulierung von Arbeitstiteln und Erstellung einer ersten Arbeitsgliederung
- ✔ erneute Rücksprache mit Dozent(in) (auf der Grundlage der Arbeitsgliederung), Festlegung des Themas und Arbeitstitels

3 Strukturieren und Gliedern: die Themenreflexion

1 Vom Arbeitstitel zur Arbeitsgliederung

Themenreflexion

Sobald der Arbeitstitel (vorgegeben, aus einer Themenliste gewählt oder selbst erarbeitet) feststeht, beginnt die Konzeptphase oder Themenreflexion. Jetzt geht es darum, die während der Phase der Themenfindung gesammelten Ideen systematisch zu ordnen und zu gliedern, die Fragestellung zu entwickeln und festzulegen, welche theoretischen und methodischen Grundlagen für die Bearbeitung erforderlich sind. Im Vordergrund steht dabei die Eingrenzung des Gegenstandsbereichs.

Vollständigkeit?

Keine Arbeit, ganz gleich wie lang sie ist, kann alle Fragen behandeln. Daher bedeutet wissenschaftliches Arbeiten zunächst immer die fortschreitende Eingrenzung dessen, was zum Thema gehört, bis man zum Kernbereich der Fragestellung gelangt. Die Eingrenzung des Gegenstandsbereichs ist also nicht nur zulässig, sondern zwingend erforderlich. Da es sich bei der Präzisierung der Fragestellung bereits um eine zentrale wissenschaftliche Kompetenz handelt, sollte diese Eingrenzung jedoch stets mit Hinweis auf Forschungsdesiderate oder das Erkenntnisinteresse *begründet* und nicht nur durch floskelhafte Formulierungen wie „Dies würde den Rahmen der Arbeit sprengen" *angekündigt* werden.

Differenzmanagement

Eine akzeptable Begründung der Beschränkung auf bestimmte Probleme, Aspekte, Texte und Problemlösungen ist das Ergebnis von wissenschaftlichem „Differenzmanagement" (Schmidt 2000: 332). Darunter versteht man ein zweistufiges Verfahren, das aus Unterscheidungen und Benennungen auf der einen und Relevanzeinschätzungen auf der anderen Seite besteht. Der erste Schritt ist also die in Abb. 5.3 schematisch dargestellte Differenzierung unterschiedlicher Bereiche, Probleme und Aspekte. Wichtig dabei ist, dass die Differenzierung plausibel und nachvollziehbar ist und keine zentralen Punkte auslässt. Bei der Benennung sollte man darauf achten, die entsprechenden Fachtermini zu verwenden, die im wissenschaftlichen Diskurs zur Bezeichnung des jeweiligen Phänomens gebräuchlich sind. Der zweite Schritt, die Forderung nach einer expliziten Relevanzeinschätzung (Wie wichtig ist Bereich/Problem 1 im Verhältnis zu 2 und 3, und auf welchen Kriterien beruht diese Einschätzung?), ergibt sich aus der konstruktivistischen These, „dass Phänomen- und Problemkonstitution und Relevanzeinschätzungen unlösbar miteinander verbunden sind" (Schmidt 2000: 339).

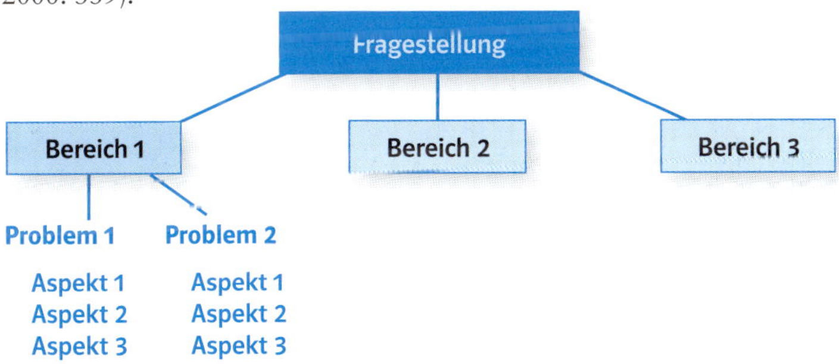

Abb. 5.3: Eingrenzung des Gegenstandsbereichs

Eingrenzung

Während man von professionellen Studien natürlich die Offenlegung und wissenschaftliche Begründung ihrer Selektionsprinzipien bei der Gegenstandskonstitution erwarten kann, genügt in studentischen Arbeiten der erste Schritt (Differenzieren und Benennen). Die Beschränkung auf bestimmte Aspekte eines Problems aus einem zum Thema gehörenden Bereich darf einfach durch eine entsprechende Präzisierung des Arbeitstitels vorgegeben oder durch eine Eingrenzung des Erkenntnisinteresses in der Einleitung gesetzt werden. Wichtig ist nur, dass der letztlich definierte Teilbereich tatsächlich gründlich bearbeitet wird.

Kreativität

Auch wenn die Themenreflexion auf den ersten Blick weniger schwierig scheint als die Themensuche, gilt jedoch ihr Ziel, das Erstellen der Gliederung, zu Recht als „der kreativste Akt innerhalb des Bearbeitungsprozesses einer Prüfungsarbeit" (BRINK 2005: 12). Ist der Bauplan – um die zu Beginn von Kap. 4 eingeführte Architekturmetaphorik aufzugreifen – einmal fertig, muss das Gebäude ‚nur' noch zusammengebaut werden. Bis der Bauplan aber einmal steht, müssen die Materialbasis bestimmt, das Theoriedesign entwickelt und die Argumentationsstruktur festgelegt werden.

Arbeitsgliederung

Der Bauplan eines Gebäudes ist das Resultat zahlreicher ästhetischer, aber auch funktionaler (Wozu soll das Gebäude dienen?) und pragmatischer Entscheidungen (Was ist im Rahmen des Bebauungsplans oder des Budgets machbar?). Ebenso sind der Kreativität beim Erstellen der Gliederung Grenzen gesetzt. Ein wissenschaftlicher Text soll systematisch gegliedert sein. Das folgende Muster demonstriert einen häufig gewählten Aufbau, der die wesentlichen Bestandteile einer Abschlussarbeit im Bereich der Geistes- und Kulturwissenschaften enthält:

Titelblatt
Gliederung

1. Einleitung
- 1.1 Einstieg und Kontextualisierung
- 1.2 Thema und Fragestellung
- 1.3 Erkenntnisinteresse
- 1.4 Aufbau

2. Hauptteil
- 2.1 Forschungsbericht
- 2.2 Theoretischer Ansatz
  - 2.2.1 Theoriereflexion
  - 2.2.2 Zentrale Konzepte
  - 2.2.3 Thesen
- 2.3 Analysen und Interpretationen
  - 2.3.1 Fallstudie 1
  - 2.3.2 Fallstudie 2
  - 2.3.3 Fallstudie 3

3. Schluss
- 3.1 Ergebnispräsentation
- 3.2 Ausblick

Bibliographie
Anhang

Änderungen

Der Begriff Arbeitsgliederung deutet – wie auch der Begriff Arbeitstitel – bereits an, dass sich die Auswahl, Anordnung und Benennung der Unterpunkte mehrfach ändern kann. Ein solches kontinuierliches Überarbeiten von Konzept und Struktur ist kein Zeichen für eine Schwäche, sondern vielmehr ein Beleg für die Wissenschaftlichkeit der Arbeit. Schließlich führt die fortschreitende intensive Beschäftigung mit der Sekundärliteratur zu immer neuen Erkenntnissen und Einsichten, die wiederum in die Konzeption der eigenen Arbeit einfließen. Die Arbeitsgliederung gibt zwar die grobe Richtung vor, aber erst beim Schreiben zeigt sich, ob die Reihenfolge und die Untergliederung wie geplant funktionieren. Eine starre Konzeption, die ohne Änderungen stur umgesetzt würde, wäre hingegen mit den Prinzipien wissenschaftlichen Handelns nicht vereinbar.

Variationen

Die Änderungen rühren auch daher, dass sich wissenschaftliche Texte nicht nur auf eine einzige ‚richtige' Weise gliedern lassen. Prinzipiell sind immer verschiedene Varianten möglich. Das folgende Beispiel ist zwar ein Sammelband mit in sich geschlossenen Beiträgen, kann aber dennoch die Variabilität von Gliederungen verdeutlichen: Zu Beginn des 2005 veröffentlichten Sammelbandes *Internationalizing Cultural Studies*, der thematisch und methodisch sehr heterogene Artikel vereint, wagen die Herausgeber ein durchaus interessantes Experiment: Ackbar Abbas and John Nguyet Erni stellen dem Text nicht nur *ein* Inhaltsverzeichnis voran, wie allgemein üblich, sondern gleich *drei* Varianten. Diese weichen erheblich voneinander ab, denn sie sortieren die 44 Beiträge nach unterschiedlichen thematischen Gesichtspunkten.

Perspektivenwechsel

Dieses Verfahren kann man auch als Verfasser(in) einer Abschlussarbeit aufgreifen: Was geschieht, wenn man die einzelnen Teile der Arbeit umstellt, anders gliedert und neu gewichtet? Möglicherweise lassen sich durch einen solchen Perspektivenwechsel ja Gliederungsprobleme beheben. Auf jeden Fall ist das Überarbeiten der Gliederung dann zu empfehlen, wenn die Textproduktion ins Stocken gerät: Durch alternative Anordnungen und Schwerpunktsetzungen lassen sich schwerwiegende Probleme effizient umgehen.

TIPP

Die Themenreflexion ist von entscheidender Bedeutung für den Erfolg eines Projekts, da sich erst beim Strukturieren und Gliedern zeigt, ob und wie sich das gewählte Thema bearbeiten lässt. Häufig werden Probleme erst während der Arbeit an der Gliederung deutlich, so dass die Fragestellung geändert werden muss. Daher empfiehlt es sich, mit der Anmeldung des Themas beim Prüfungsamt zu warten, bis neben dem Arbeitstitel auch eine Arbeitsgliederung vorliegt. Entsprechend frühzeitig sollte also mit der Themensuche und -reflexion begonnen werden!

2 Wie viel Theorie muss sein?

Theorie

In den Naturwissenschaften formulieren Theorien Thesen über kausale Zusammenhänge von Ursachen und Wirkungen, die dann mit Hilfe exakt festgelegter Methoden in Fallstudien überprüft und ggf. modifiziert werden. Eine Theorie erweist sich dann als tragfähig, wenn sie (zutreffende) Vorhersagen ermöglicht. In den Geistes- und Kulturwissenschaften geht es hingegen nicht darum, Vorhersagen zu machen. Theorien dienen hier vielmehr der Klärung und Offenlegung der Voraussetzungen des eigenen wissenschaftlichen Handelns. Anstatt nach Gesetzmäßigkeiten zu suchen, verwenden sie metaphorische Begriffe und wandelbare Konzepte, die dem Gegenstandsbereich (Resultate menschlichen Handelns) angemessen sind.

Auswahl

Auch wenn die Bedeutung theoretischer Ansätze innerhalb der Disziplinen noch kontrovers diskutiert wird und manche Lehrenden dem anhaltenden Theorieboom skeptisch gegenüberstehen, sind Theorien mittlerweile aus den Geistes- und Kulturwissenschaften nicht mehr wegzudenken. Angesichts der Vielzahl theoretischer Ansätze ist eine gezielte Auswahl aus dem breiten Spektrum unerlässlich. Die Präferenzen der Lehrenden sind ihren Publikationen und Forschungsprojekten zu entnehmen und spiegeln sich auch in den Seminarthemen wider. Engagierte Studierende bilden sich zudem im Selbststudium weiter. Als Einstieg eignen sich Einführungen in das jeweilige Fach (z. B. die Bände der Klett-Reihe UNI-WISSEN oder Iser 2006), aber auch Nachschlagewerke wie das *Metzler Lexikon Literatur- und Kulturtheorie* (Nünning 2004). Ein solches Nachschlagewerk kann man natürlich nicht in einem Mal durchlesen, und vieles wird man auf Anhieb nicht verstehen. Wer aber während des gesamten Studiums immer wieder Begriffe nachschlägt, kann ‚Wissensinseln' etablieren, die die aktive Beteiligung an theoretischen und methodischen Diskussionen ermöglichen und sich im Lauf der Zeit zu einem soliden Grundwissen verbinden lassen.

Wie viel?

Die häufig gestellte Frage, wie viel Theorie in einer Arbeit sein muss, lässt sich nur ganz allgemein beantworten: so wenig wie möglich, so viel wie nötig. Die entscheidende Instanz ist natürlich die Person, die die Arbeit betreut und korrigiert – Sie sollten den theoretischen Bezugsrahmen Ihrer Arbeit daher nach Möglichkeit absprechen, um Missverständnisse zu vermeiden. Als Faustregel gilt, dass die Quellenanalysen bzw. Textinterpretationen im Hauptteil deutlich mehr Platz beanspruchen sollten als theoretische und methodische Reflexionen.

Welche Theorien?

Da, wie oben gesagt, das Angebot an konkurrierenden Theorien mittlerweile kaum noch überschaubar und eine gezielte Auswahl daher unvermeidlich ist, stellt sich die Frage nach den Auswahlkriterien. Zum einen ist Theorie häufig eine Frage der Zugehörigkeit zu einer bestimmten Denkrichtung oder Schule – manche Lehrende in den Literaturwissenschaften tendieren z. B. eher zu strukturalistischen oder semiotischen, andere zu poststrukturalistischen oder dekonstruktivistischen Ansätzen, von denen sie in ihren Arbeiten ausgehen. Zum anderen sind für bestimmte Fragestellungen manche Ansätze oder Konzepte besser geeignet als andere. Dies gilt insbesondere für interdisziplinäre Begriffe wie Kommunikation oder Identität. Beim Vergleich und der Bewertung unterschiedlicher Definitionen hilft eine schematische Übersicht (vgl. Abb. 5.4).

Theorie	Zentrale(s) Konzept(e)	Hauptvertreter(innen)	Kernaussage(n)

Abb. 5.4: Vergleich theoretischer Konzepte

Visualisierung

Wie bei der Themenfindung können auch während der Konzeptphase Visualisierungsverfahren gute Dienste leisten. Hierzu bieten sich sog. *concept maps* an, Varianten von *mind maps*, die ebenfalls der Strukturierung komplexer Themenfelder dienen. Zusätzlich zu den hierarchischen Beziehungen zwischen den einzelnen Elementen benennen sie aber auch noch die funktionalen Relationen zwischen ihnen. Mit Hilfe einer solchen *concept map* lassen sich die Zusammenhänge zwischen Fragestellung und Leitfragen der Arbeit, theoretischen Konzepten und Ansätzen sowie den zu analysierenden Texten darstellen. Auf diese Weise entsteht eine visuelle Repräsentation der Anlage bzw. des theoretischen Bezugsrahmens der Arbeit. Anhand der Verknüpfungen (Knotenpunkte und Abzweigungen) lassen sich auch Oberbegriffe und Unterpunkte bestimmen. Mit ihrer Übernahme in die Arbeitsgliederung endet die Strukturierungsphase.

3 Checkliste Gliederung

CHECKLISTE

Die Checkliste Gliederung basiert auf den formalen Kriterien, nach denen Gliederungen normalerweise evaluiert werden. Daraus lassen sich acht Regeln ableiten, die bei der Erstellung einer Gliederung beachtet werden sollten:

- ✔ Die Gliederung sollte nach Möglichkeit nicht mehr als drei Ebenen (1. Kapitel, 1.1. Unterkapitel, 1.1.1 Unterpunkt) umfassen, damit sie übersichtlich bleibt.
- ✔ Unterpunkte in der Gliederung sollten nicht kürzer als eine halbe Seite sein; evtl. können mehrere Unterpunkte zusammengefasst werden.
- ✔ Zusammen gehörende Aspekte sollen auch in der Gliederung in einem Kapitel, Unterkapitel oder Unterpunkt zusammengefasst werden.

- ✔ Untergliederungen sind nur sinnvoll, wenn sie mindestens zwei Punkte differenzieren (z. B. 1.1.1 und 1.1.2 als Unterpunkte von 1.1), die Teilaspekte der Oberkategorie sein müssen.
- ✔ Ein Unterpunkt darf also auch nie mit der Oberkategorie (oder einem anderen Gliederungspunkt) identisch sein.
- ✔ Die Gliederungspunkte sollten präzise benennen, worum es in dem folgenden Abschnitt geht; dazu bedarf es aussagekräftiger und prägnanter Kapitelüberschriften.
- ✔ Aus der Gliederung sollte die inhaltliche Gewichtung der Teile hervorgehen, d.h. die zentralen (und auch umfangreicheren) Argumentationen im Hauptteil sollten stärker untergliedert sein als die Rahmentexte.
- ✔ Die Gliederung sollte formal einheitlich sein (z.B. keine Vermischung von römischen und arabischen Zahlen bzw. Zahlen und Buchstaben).

4 Bibliographieren, Rezipieren und Zitieren: Der Umgang mit Quellen und wissenschaftlicher Literatur

1 Literaturrecherche und -beschaffung: Was ist und wie findet man wissenschaftliche Literatur?

Terminologie

Wissenschaftliche Literatur lässt sich mit Brink (2005: 49) einteilen in Primärquellen (wissenschaftliches Originalschrifttum), Sekundärquellen (Verzeichnisse wie Bibliographien oder Bibliothekskataloge, die systematisch Originalschrifttum nachweisen und der Erschließung von Primärquellen dienen) sowie Tertiärquellen (Wörter-, Hand- und Lehrbücher, die Wissenschaftsbereiche in zusammenfassender Form darstellen). Allerdings ist die Terminologie auch abhängig von der jeweiligen wissenschaftlichen Disziplin.

Varianten: Primär- vs. Sekundärliteratur

So bezeichnet die Literatur- und Kulturwissenschaft als Primärliteratur bzw. Primärquellen das Material, über das gearbeitet wird, also literarische Texte, Filme und weitere fiktionale Medienerzeugnisse. Unter Sekundärliteratur hingegen versteht man wissenschaftliche Texte über Primärliteratur sowie theoretische Texte. Die Geschichtswissenschaft wiederum unterscheidet häufig zwischen Quellen (Handschriften und Dokumente in Archiven, aber auch herausgegebene und kommentierte Zeitzeugnisse, sog. Editionen) und Literatur (Publikationen über Quellen).

Textsorten

Die wissenschaftliche (Sekundär-)Literatur lässt sich nach Textsorten unterteilen. Am häufigsten begegnet man Lehr- und Handbüchern, Monographien, Sammelbänden und Zeitschriftenartikeln.

- **Lehr- und Handbücher** bieten einen dem Wissensstand von Studierenden angemessenen Überblick über Teilbereiche eines Faches. In der Regel enthalten sie nur allgemein akzeptiertes Grundwissen, nicht aber programmatische Aussagen oder innovative Thesen. Man sollte solche Werke zur Einführung in einen Gegenstandsbereich benutzen, nicht aber als zentrale Informationsquelle für eine Seminararbeit.
- **Monographien** sind Bücher, die von einem/einer Autor(in) bzw. einem Autorenteam gemeinsam verfasst sind und sich intensiv mit einem bestimmten Thema auseinandersetzen. Darunter fallen auch Doktorarbeiten und Habilitationsschriften.
- Von den Monographien abzugrenzen sind **Sammelbände** (Dokumentationsbände von Kongressen, Konferenzen oder Tagungen, Festschriften und Nachschlagewerke), die Beiträge unterschiedlicher Autor(inn)en beinhalten.
- **Artikel** in wissenschaftlichen Zeitschriften behandeln, entsprechend der thematischen Orientierung der Zeitschrift, spezifische Probleme, die nicht die Komplexität des Gegenstands einer Monographie erreichen, machen aktuelle Untersuchungsergebnisse der Fachöffentlichkeit zugänglich oder leisten einen Beitrag zu wissenschaftlichen Debatten.

Bibliotheken

Das deutsche Bibliothekssystem ist hierarchisch aufgebaut. An der Spitze stehen die Deutsche Bibliothek mit drei Standorten (Deutsche Bücherei Leipzig, Deutsche Bibliothek Frankfurt a. M. und Deutsches Musikarchiv Berlin) sowie die Staats- und Landesbibliotheken der Bundesländer. Studierende können ihren Literaturbedarf aber auch über die Zentralen Universitätsbibliotheken der Hochschulen mit ihren Freihand- und (wesentlich umfangreicheren) Magazinbeständen decken. Erstere können im Lesesaal direkt vor Ort eingesehen werden, Bücher aus dem Magazin müssen zur Entleihung bestellt werden. Zudem gibt es Lehrbuchsammlungen, die keine Spezialliteratur anbieten, dafür aber die Standardwerke in größeren Stückzahlen zur Ausleihe bereithalten, sowie u. U. Fachbereichs-, Instituts- und Seminarbibliotheken, in denen eine spezifischere, auf den jeweiligen Fachbereich bzw. das Fach zugeschnittene Auswahl an Büchern zur Verfügung steht.

Angebote

Die Universitätsbibliotheken bieten neben der Buch- und Medienausleihe zahlreiche Zusatzangebote an, wie etwa kostenlose Führungen und Beratungen. Alle Studierenden sollten nach Möglichkeit nicht nur zu Beginn des Studiums, im Rahmen der Orientierungstage für Erstsemester, eine Führung mitmachen, sondern vor der Examensphase noch einmal nach einer Einführung für Fortgeschrittene fragen – manche digitalen Angebote und Dokumentenlieferdienste sind nur wenigen bekannt, obwohl sie die Recherche ungemein erleichtern. Auch individuelle Fragen zur Literatursuche und Literaturbeschaffung werden gerne beantwortet. Zudem stellen viele Bibliotheken Studierenden Arbeitsplätze zur Verfügung (gelegentlich gibt es sogar abschließbare Kabinen, die man für eine bestimmte Zeit buchen kann). Dies ist besonders dann von Vorteil, wenn man zu Hause keinen geeigneten Arbeitsplatz hat oder mit Büchern aus dem Präsenzbestand arbeitet.

Kataloge

In den sog. Katalogen wird der Buch-, Zeitschriften- und Medienbestand einer Bibliothek nachgewiesen. Man unterscheidet zwischen Zentralkatalogen (Gesamtbestand aller Bibliotheken eines Bundeslandes) und Verbundkatalogen (Bestand mehrer Bibliotheken) auf der einen, und Bibliothekskatalogen auf der anderen Seite. Waren bis vor wenigen Jahren noch Zettelkataloge üblich, funktioniert heute die Suche und Bestellung weitgehend über das Internet (Ausnahmen gelten evtl. für ältere Buchbestände). Die Onlinekataloge haben für Studierende entscheidende Vorteile:

- Sie sind jederzeit und auch von zuhause zugänglich.
- Suchergebnisse lassen sich zur weiteren Textverarbeitung und Archivierung abspeichern.
- Sie bieten äußerst flexible Suchfunktionen, die im Gegensatz zu den Zettelkatalogen keine Kenntnis spezifischer Informationen (Autorname oder Sachgebiet) voraussetzen.
- Sie erfordern keine Vorkenntnisse über die Systematik des Katalogs.

Literaturbeschaffung

Der für Studierende sicherlich wichtigste Onlinekatalog ist der Online Public Access Catalogue (OPAC), in dem Universitätsbibliotheken ihre Bestände nachweisen. Der Zugang zum OPAC erfolgt über die Webseiten der jeweiligen Universitätsbibliothek und beinhaltet neben Suchfunktionen auch die Möglichkeit, Literatur online zu bestellen und vorzumerken, Verlängerungen durchzuführen (falls die entsprechenden Werke nicht anderweitig vorgemerkt sind).

Ausgangspunkt

Der OPAC der eigenen Universitätsbibliothek ist der Ausgangspunkt jeder Literatursuche im Studium. Die gefundenen Bücher, Zeitschriften und Medien sind vor Ort verfügbar und können jederzeit ausgeliehen oder – falls es sich um Teile des Präsenzbestandes handelt – zumindest im Lesesaal eingesehen und benutzt werden. Da gerade gängige Werke häufig ausgeliehen oder vorgemerkt sind, sollte man unbedingt **rechtzeitig**, d.h. ca. drei Monate vor dem eigentlichen Arbeitsbeginn, mit der Literatursuche und -beschaffung beginnen.

Fortgeschrittene

Falls man in der eigenen Universitätsbibliothek nicht genug Literatur findet, muss man weitere Bibliotheken in die Suche einbeziehen. Hierzu bieten sich sog. Meta-Kataloge an, denen keine eigene Datenbank zugrunde liegt, sondern die eine Suchanfrage an mehrere Kataloge weiterreichen. Auf diese Weise kann simultan in den Beständen zahlreicher Bibliotheken nach dem/der gewünschten Autor(in) bzw. nach einem Titel oder Schlagwort gesucht werden.

Beispiel KVK

Ein Beispiel ist der Karlsruher Virtuelle Katalog (KVK), ein Meta-Katalog, der Bibliotheks- und Buchhandelskataloge aus derzeit 19 Ländern mit einem Gesamtbestand von über 100 Millionen Titeln durchsucht (www.ubka.uni-karlsruhe.de). Dazu gibt man – wie in der Eingabemaske eines OPAC – die gewünschten Suchbegriffe ein und kreuzt an, in welchen Katalogen gesucht werden soll. Der KVK gibt wenig später eine Trefferliste aus,

aus der auch hervorgeht, in welchem Land und in welcher Bibliothek das gesuchte Buch zu finden ist.

Fernleihe

Natürlich muss man sich heutzutage nicht mehr selbst auf die Reise machen, wenn man ein Buch aus einer anderen Bibliothek benötigt. Zu diesem Zweck kann man den Fernleih-Service der eigenen Universitätsbibliothek in Anspruch nehmen. Gegen eine geringe Gebühr wird das gewünschte Buch besorgt und wie ein Buch aus dem eigenen Bestand (meist mit speziellen Fristen) verliehen. Wer einen Aufsatz aus einer in der eigenen Bibliothek nicht vorhandenen Zeitschrift benötigt, kann diesen auch über die universitäre Fernleihe bestellen oder auf einen Dokumentlieferdienst wie „Subito“ zurückgreifen. Wie dies funktioniert und welche Kosten anfallen, erfahren Sie am Informationsschalter der Universitätsbibliothek.

Datenbanken

Was man über die Onlinesuche findet, hängt von der Art der durchsuchten Datenbank ab. Mit dem OPAC wird abgefragt, welche Titel in der jeweiligen Bibliothek vorhanden sind. Mit Meta-Katalogen wird diese Art der Anfrage auf zahlreiche weitere Bibliotheken ausgedehnt. Daneben gibt es aber auch Fachdatenbanken, die nicht dazu dienen, einen tatsächlich vorhandenen Bestand zu katalogisieren, sondern dazu, alle relevanten Forschungsbeiträge zu einem bestimmten Fach oder Fachgebiet zusammenzutragen.

Beispiel MLA

Ein Beispiel ist die MLA Bibliography on the Modern Languages and Literatures. Diese Datenbank der MLA (Modern Languages Association) umfasst die Themenbereiche Sprache, Literatur, Linguistik, Folkloristik, Anglistik/Amerikanistik, Germanistik, Klassische Philologie, Orientalistik, Romanistik und Slavistik. Rund 4400 Zeitschriften werden seit 1963 laufend ausgewertet. Daneben werden repräsentative Sammelbände, Kongressberichte und in geringerem Maße auch Monographien systematisch ausgewertet.

Suchbegriffe

Das Wichtigste (und Schwierigste) bei der Benutzung jeder Datenbank ist die Wahl und sinnvolle Verknüpfung der Suchbegriffe. Da man sich nicht alle vorhandenen Einträge anzeigen lassen und dann auswählen kann (angesichts der Datenmenge wäre das unmöglich), ist möglichst präzise anzugeben, wofür man sich interessiert. Damit die Suche erfolgreich ist, müssen einige Grundregeln beachtet werden:

- Ein Tippfehler bei der Eingabe führt dazu, dass kein Ergebnis angezeigt wird. Deshalb muss die Eingabe immer gründlich kontrolliert werden.
- Datenbanken strukturieren ihre Inhalte nach Schlagwörtern. Daher empfiehlt es sich, immer auch verschiedene Synonyme oder verwandte Begriffe suchen zu lassen.
- Um die Treffermenge einzugrenzen, kann man sog. Suchoperatoren verwenden, die mit Einschränkungen operieren (nur ein bestimmter Publikationszeitraum, nur Zeitschriften etc.). Da diese Suchoperatoren nicht bei allen Datenbanken gleich sind, sollte man die Onlinehilfe konsultieren oder ggf. die Bibliotheksaufsicht um eine kurze Einführung bitten.

Filterung

Während ältere Schreibratgeber der Literatursuche in Bibliographien und Katalogen noch viel Aufmerksamkeit widmen, hat die Bereitstellung von Datenbanken und Onlinekatalogen die Anforderungen an Studierende komplett verändert. Es ist heute überhaupt kein Problem mehr, einschlägige und aktuelle Literatur zu finden. Schwierigkeiten bereitet vielmehr die Auswahl aus der Vielzahl und Vielfalt der angezeigten Treffer. Dabei helfen erstens Übung, denn durch häufiges Bibliographieren wird der Blick für relevante Suchergebnisse geschärft, zweitens guter Rat (qualifiziertes Bibliothekspersonal und Ihr/e Betreuer(in) kommen als Ansprechpartner in Frage) und drittens die Anwendung von Filterstrategien, wie Brink (2005: 124–128) sie empfiehlt.

Filter 1

Eine erste Filterung wird zwischen Literatursuche und -beschaffung vorgenommen: Welche Titel sollen bestellt, über Fernleihe beschafft oder gekauft werden? Bei der Entscheidung helfen

- Titel und Untertitel der Publikation (erste Hinweise auf Einschlägigkeit und Relevanz),
- Verschlagwortung durch Onlinekatalog (Beschreibung der thematischen Schwerpunkte der Publikation),
- Renommee und Expertenstatus des Autors/der Autorin,
- Buchrezensionen in Fachzeitschriften (genaue Evaluation der Publikation),
- Abstracts (werden in manchen Zeitschriften den Artikeln vorangestellt und sind gelegentlich online einsehbar),
- Zitierindices (geben Auskunft über Häufigkeit, mit der – englischsprachige – Publikationen zitiert werden; Zugang z. B. über die Digitale Bibliothek NRW unter www.digibib.net),
- Verlage (national oder international renommierte Wissenschaftsverlage mit strikten Qualitätsmaßstäben garantieren wissenschaftliche Seriosität),
- Erscheinungsjahr (relevant für Aktualität) und
- Auflage (Neuauflagen sind ein Indikator für anhaltendes Interesse an einer Publikation).

Literaturverwaltung

Der traditionelle Zettelkasten wird heute zunehmend durch Literaturdatenbanken ersetzt. Entsprechende Computerprogramme helfen zum einen bei der Literaturverwaltung und -erschließung: Neben den bibliographischen Angaben kann man Notizen, Exzerpte u.ä. mit jedem Titel abspeichern; z. B. den Vermerk ‚uninteressant', damit man bei umfangreicheren Recherchen eine Publikation nicht aus Versehen mehrmals entleiht. Zum anderen fungieren aktuelle Programme zur Literaturverwaltung selbst als Meta-Kataloge (ähnlich wie der KVK).

TIPP

Studierende können sich die Software Citavi (früher LiteRat) in einer Einstiegsversion kostenlos im Internet besorgen (Download unter www.citavi.com). Auf diese Weise kann man das Arbeiten mit einer Literaturdatenbank in Ruhe testen.

2 Wie liest man wissenschaftliche Texte?

Lesetechniken

Angesichts der großen Mengen von Sekundärliteratur, die man in kurzer Zeit bewältigen muss, um das für die eigene Arbeit tatsächlich Relevante herauszufiltern, kann man nicht alles gründlich lesen. Das heißt aber nicht, dass oberflächliches Lesen genügt. Zwar reicht für Profis bereits ein kursorischer Blick, um Wichtiges von Unwichtigem zu unterscheiden, doch diese Schlüsselkompetenz muss man ebenso trainieren wie das Schreiben. BRINK (2005: 34ff.) unterscheidet vier verschiedene Lesetechniken, die beim wissenschaftlichen Arbeiten zur Anwendung kommen:

- **Kreatives Lesen:** Das kreative oder assoziative Lesen unterschiedlichster Texte, die mit dem eigenen Thema gar nicht direkt etwas zu tun haben müssen, dient dazu, Anregungen oder Ideen zu gewinnen.
- **Suchendes Lesen:** Der Text wird zunächst nur nach bestimmten Schlüsselbegriffen abgesucht, ohne dass der Inhalt eine Rolle spielt; nur wenn die Schlüsselbegriffe auftauchen, werden die betreffenden Passagen (kursorisch) gelesen.
- **Kursorisches Lesen:** Der Text wird schnell überflogen, um einen ersten Überblick über Aufbau, Thema und Argumentation zu erhalten; der Inhalt wird noch nicht im Detail erfasst.
- **Analytisch-kritisches Lesen:** Der Text wird so gründlich gelesen, dass die Inhalte verstanden, die Argumentationsstruktur nachvollzogen und die Aussagen nach wissenschaftlichen Kriterien evaluiert und für die eigene Arbeit genutzt werden können. Aufgrund des hohen Zeitaufwands (ggf. ist eine mehrmalige Lektüre erforderlich) können nur die für die eigene Arbeit zentralen Texte analytisch-kritisch gelesen werden; eine präzise Vorauswahl ist daher unabdingbar.

Selektives Lesen

Bei diesen Lesetechniken kommt stets das sog. selektive Lesen zum Einsatz, bei dem nur relevante Passagen überhaupt kreativ, suchend, kursorisch oder analytisch-kritisch gelesen werden. Wenn man etwa eine Arbeit über ein bestimmtes Werk eines Autors liest, muss man in einer Monographie neben der Einleitung und dem Schluss (diese beiden Rahmentexte sind immer zu empfehlen) nur das entsprechende Kapitel, nicht aber alle anderen Werkinterpretationen im Detail ansehen.

Kursorisches Lesen

In der Phase der Themenfindung müssen große Mengen von Sekundärliteratur daraufhin ausgewertet werden, ob sie überhaupt für das anvisierte Thema relevant sind. Wer in kurzer Zeit sehr viel Literatur durchsehen will, kann natürlich nicht alles gründlich lesen, sondern muss sich zunächst mit dem kursorischen Lesen oder Querlesen begnügen. In dieser Phase geht es also darum, einen groben Eindruck davon zu bekommen, um was es in dem Buch oder Artikel geht, wie der Text aufgebaut ist und wo die inhaltlichen Schwerpunkte liegen. Die Ergebnisse sollten in stichwortartigen Exzerpten festgehalten werden, damit man sich später noch daran erinnert, welche Argumente etc. welcher Publikation zuzuordnen sind.

Filter 2

Das kursorische Lesen fungiert also als eine zweite Filterung der bereits beschafften Publikationen vor ihrem gründlichen (und zeitraubenden) Studium. Dabei richtet sich die Aufmerksamkeit v.a. auf folgende Aspekte:

- Klappentext (Kurzbeschreibung, allerdings mit Werbeintention),
- Danksagung (Bei Dissertationen: Wer hat die Arbeit betreut, in welchem institutionellen Kontext ist sie entstanden?),
- Inhaltsverzeichnis (zeigt nicht nur die Inhalte, sondern durch die Logik der Gliederung implizit auch die Qualität der Struktur an),
- Einleitung (Erkenntnisinteresse, Zielsetzung, Fragestellung),
- Literaturverzeichnis (Auskunft über Grundlagen der Arbeit).

Erst wenn eine Publikation auch diese zweite Filterung überstanden hat, lohnen sich das Kopieren und die analytisch-kritische Lektüre.

Analytisch-kritisches Lesen

Das analytisch-kritische Lesen überschneidet sich meistens mit dem eigentlichen Schreibprozess. Wenn das Thema formuliert, die Fragestellung expliziert (deutlich herausgearbeitet) und die Arbeitsgliederung fertig gestellt ist, muss der Arbeitsapparat (d.h. die Sekundärliteratur, die in der Arbeit eine zentrale Rolle spielen soll) zusammengestellt werden. Die ausgeliehenen oder gekauften Bücher, Kopien und Exzerpte müssen griffbereit sein, denn ab sofort braucht man sie ständig: z.B. bei der Darstellung des Forschungsstands, der Untermauerung der eigenen Argumente, zur Paraphrase fremder Ausführungen und bei der Selbstevaluation: Wurden alle wesentlichen Aspekte berücksichtigt? Sind alle Zitate und bibliographischen Angaben korrekt?

Schreibbeginn

In diesem Stadium geht es also darum, in der Forschungsliteratur Antworten auf konkrete inhaltliche Fragen zu finden und zu prüfen, ob die eigene Argumentation mit den in der Sekundärliteratur vertretenen Standpunkten vereinbar ist oder ggf. der Erläuterung bedarf. Daher müssen nun gezielt ganze Texte, zumindest aber ausgewählte Passagen, gründlich gelesen werden. Es empfiehlt sich, bereits Stichwörter, aber auch ganze Sätze und Passagen, die später zitiert werden sollen, in das Dokument einzufügen – die Arbeitsgliederung gibt ja die (derzeit) richtige Stelle vor.

TIPP

Es ist sinnvoll, sich eigene Konventionen zum Anstreichen in (natürlich nur eigenen) Büchern und Kopien anzugewöhnen. So können z.B. Abkürzungen wie ‚Z' für Zitat oder ‚Th' für These, ‚Def.' wie Definition etc. beim erneuten Lesen schnell auf die wichtigen Stellen aufmerksam machen. Von großflächigen Anstreichungen, insbesondere mit Textmarkern, ist hingegen unbedingt abzuraten, da sie den Text für erneutes Lesen unter anderen Gesichtspunkten unbrauchbar machen.

3 Formen und Funktionen des Zitierens: Wie und warum wird zitiert?

Bibliographie

Ein essentieller Bestandteil jeder Seminar- oder Abschlussarbeit ist die Bibliographie. Darin werden sowohl die Quellen (Materialbasis) als auch die verwendete wissenschaftliche Literatur aufgeführt. Dadurch sollen die Studierenden nachweisen, dass sie erstens die Technik des Bibliographierens beherrschen, zweitens eigenständig zu einem bestimmten Bereich die wichtigsten (oder zumindest wichtige) Informationen zusammentragen und drittens die formalen Anforderungen an eine Bibliographie erfüllen können. Die Qualität einer Bibliographie und damit auch ihre Bewertung orientiert sich daher an folgenden fünf Kriterien:

1. **Einschlägigkeit**: Wie relevant sind die aufgeführten Werke für die Fragestellung?
2. **Aktualität**: Wurden die diversen Möglichkeiten der Literatursuche und -beschaffung genutzt, um an aktuelle Forschungsbeiträge heranzukommen?
3. **Spektrum**: Werden nur mehrere Beiträge aus einem Sammelband aufgeführt oder umfasst die Bibliographie unterschiedliche Textsorten (Sammelbände, Monographien, Zeitschriftenbeiträge)?
4. **Formalia**: Enthält die Bibliographie alle wichtigen Angaben zu allen aufgeführten Werken, und ist sie formal einheitlich?
5. **Umfang**: Wie viele Werke werden in der Arbeit verwendet?

Umfang

Der Aspekt des Umfangs bereitet in der Praxis häufig Probleme: Wie viele Werke müssen bzw. sollten Verwendung finden? Richtwerte sind ca. 15–20 Titel für Hauptseminararbeiten und ca. 40–50 Titel für Abschlussarbeiten. Natürlich gilt aber auch hier, dass die genauen Anforderungen mit den Lehrenden abzusprechen sind, denn es gibt gerade in diesem Bereich durchaus unterschiedliche Auffassungen. Neben dem Umfang der Bibliographie ist nämlich auch die Art und Weise, in der mit der aufgeführten Literatur gearbeitet wird, ausschlaggebend, und bei dieser Gewichtung von quantitativen und qualitativen Aspekten setzt jede(r) unterschiedliche Schwerpunkte.

Form

Die Auffassungen gehen auch hinsichtlich der Form auseinander: Während über die grundlegenden Bestandteile wissenschaftlicher Quellenangaben Konsens herrscht, orientiert sich ihre formale Darstellung an unterschiedlichen Konventionen. Die folgenden Bestandteile sollten aber unbedingt enthalten sein:

- Name und Vorname des Autors/der Autorin
- Titel des Buches/Zeitschriftenartikels/Buchbeitrags
- Untertitel (in der Regel abgesetzt durch einen Doppelpunkt)
- Titel der Zeitschrift/des Sammelbandes
- Verlag, Publikationsjahr und Erscheinungsort des Buches
- Nummer und Jahrgang der Zeitschrift
- Seitenzahlen des Zeitschriftenartikels/Buchbeitrags.

Neben diesen Minimalanforderungen gibt es eine Reihe weiterer Angaben, die nicht immer relevant sind, aber ggf. in die Quellenangabe aufzunehmen sind:

- Publikationsjahr der Originalausgabe, meist in eckigen Klammern: 2006 [1901],
- Reihe, in der das Buch erschienen ist, meist in gewöhnlichen Klammern nach der Titelangabe: (Schriften zur Politikwissenschaft, Bd. 12),
- Übersetzungen, meist in gewöhnlichen Klammern nach der Titelangabe: (Übers. Vorname und Name),
- Nummer des Bandes (bei mehrbändigen Werken).

Sonderfälle

Natürlich gibt es eine Reihe von Sonderfällen. So kann bei mehr als drei Autor(inn)en einfach der/die erste genannt werden. Durch die Abkürzung et al. (*et alii*, lat.: und andere) wird dann angezeigt, dass noch mehr Personen beteiligt sind. Dies gilt auch für die Publikationsorte, denn viele Verlage unterhalten in mehr als drei Ländern Geschäftsstellen, die man nicht einzeln aufzählen muss (London et al.). Ein weiterer Sonderfall ist die Auflage des zitierten Buches. Bestseller werden häufig immer wieder neu aufgelegt, wenn eine Auflage vergriffen ist. Die Auflage der zitierten Ausgabe wird in solchen Fällen durch eine hochgestellte Zahl hinter der Jahreszahl angezeigt.

Webseiten

Für das Zitieren aus dem Internet gibt es mittlerweile eigene Regeln: Neben der genauen Angabe der URL (*uniform resource locator*) müssen der/die Verantwortliche für die Seite (Information im Impressum) sowie das letzte Zugriffsdatum angezeigt werden. Die formale Gestaltung hängt natürlich von der verwendeten Konvention (z. B. MLA), aber auch von der Art der Information und Webseite ab (vgl. Gibaldi 2003: 207–235). Generell gilt, dass Google und Artikel aus der Internet-Enzyklopädie Wikipedia kein Ersatz für den OPAC und wissenschaftliche Forschungsbeiträge sind. Ganz unabhängig von der Frage der Qualität der Internetquellen geht es schließlich darum, den Umgang mit Bibliotheken und Fachliteratur zu üben und nachzuweisen. Das Internet ist ein **wichtiges Werkzeug** für die Recherche, doch **keine Alternative zu Ausleihen, Fernleihen, Exzerpten und Kopien**.

Format

Wie die Literaturangaben formatiert sein sollen und ob die Zitatbelege in der auch in diesem Buch verwendeten Kurzform im Text selbst oder in Fußnoten angegeben werden, hängt wie alle formalen Aspekte von der verwendeten Konvention ab. Wenn der/die Dozent(in) keine spezifischen Angaben macht bzw. ein sog. Style-Sheet (Formatvorlage) zur Verfügung stellt, können Sie sich eine in Ihrem Fach übliche Zitierweise aussuchen. Zu den viel beachteten Normen zählt der sog. MLA-Stil (vgl. Gibaldi 2003), der auch umfassende Regeln zur Gestaltung von Bibliographien und Zitatbelegen vorschreibt (ebd.: 142–260).

Funktionen

Ebenso wichtig wie die Frage, wie man Quellen in den bibliographischen Angaben belegt, ist natürlich die inhaltliche Frage nach dem Grund oder Ziel des Zitierens: Welchen Zweck erfüllt die Integration fremder Arbeiten in den eigenen Text? Zitate haben eine Reihe von Funktionen. Zitate aus der Primärliteratur belegen Ihre Textkenntnis und dokumentieren, dass Sie den Text verstanden haben und die Technik des Interpretierens beherrschen. Zitate aus der Sekundärliteratur zeigen erstens, dass Sie wissenschaftlichen Argumentationen folgen können, zweitens, dass Sie Ihre Aussagen belegen können, und drittens, dass Sie in der Lage sind, Eigenes und Fremdes in einer neuen Argumentation flüssig und schlüssig miteinander zu verbinden.

Einbinden

Natürlich muss man dazu die in der Sekundärliteratur vertretenen Argumentationen nachvollziehen und verstehen. Für die Bewertung des Umgangs mit Sekundärliteratur ist neben der Auswahl entscheidend, dass und wie die Zitate in den Text eingebunden sind. Generell gilt: Ein Zitat ersetzt nicht einen eigenen Satz oder Absatz! Fremde Passagen müssen syntaktisch und inhaltlich in den eigenen Text eingebunden werden. Die folgenden Beispiele zeigen, wie sich ein Zitat durch eine entsprechende Ankündigung und den expliziten Bezug auf das vorher Gesagte in den eigenen Text integrieren lässt:

- Eine ähnliche Auffassung vertritt auch X (1995: 3): „…“
- Y (2006: 78) zufolge ist das Eintreten für demokratische Grundrechte gerade in Krisenzeiten nicht nur eine „Bürgerpflicht ersten Ranges“, sondern auch ein „unveräußerliches Grundrecht“ (ebd.).
- In der Einleitung zu seiner Studie *Das Recht des Stärkeren* vertritt Z die These, erst die Bedrohung der Demokratie habe die gegenwärtige Wertedebatte in den mitteleuropäischen Staaten ausgelöst (vgl. Z 2006: 7).

Formen

Wie diese Beispiele zeigen, lassen sich Bezüge auf fremde Texte in unterschiedlicher Weise herstellen. Am einfachsten ist das wörtliche Zitat: Auf einen Doppelpunkt folgt, in doppelten Anführungszeichen, die übernommene Passage. Sie können mehrere Sätze, einen Satz, einen Teilsatz oder eine Phrase zitieren. Überschreitet ein Zitat drei ganze Zeilen, wird es in der Regel als eigenständiger Absatz formatiert (oft mit kleinerer Schriftgröße) und eingerückt. Neben dem wörtlichen, direkten Zitat gibt es auch die Möglichkeit des indirekten Zitats, in dem – wie bei der indirekten Rede – der Inhalt, aber nicht der Wortlaut wiedergegeben wird. Wenn man eine längere Argumentation paraphrasiert, sollte man mehrfach die Quelle kenntlich machen.

Ausgewogenheit

Schwierigkeiten bereiten oft die Häufigkeit und der Umfang von Zitaten. Natürlich gibt es keine allgemeine Formel zum ‚richtigen‘ Verhältnis von Belegen und eigenen Formulierungen. Wichtig ist jedoch, dass der eigene Text überwiegt, die Funktionen des jeweiligen Zitats (Beleg für eine Behauptung oder These, Etablierung einer Gegenposition, von der man sich argumentativ abgrenzen will, Veranschaulichung eines Sachverhalts durch ein Beispiel etc.) klar sind und Zitate in unterschiedlichen Funktionen verwendet werden. Zudem sollte man darauf achten, nicht zu häufig aus einer Quelle zu zitieren, sondern mehrere Texte zu Wort kommen zu lassen.

4 Checkliste Sekundärliteratur

CHECKLISTE

Die Kenntnis des Forschungsstands sowie der Techniken im Umgang mit den Forschungsbeiträgen Anderer im eigenen Text zählen zu den zentralen Qualitätsmerkmalen studentischer Arbeiten. Die folgenden Punkte sind dabei besonders wichtig:

- ✔ Sind die verwendeten Werke für das Thema einschlägig und aktuell?
- ✔ Ist das Verhältnis zwischen eigenen Texten und Zitaten ausgewogen?
- ✔ Sind alle Zitate syntaktisch in die Argumentation eingebunden?
- ✔ Wird von unterschiedlichen Formen des Zitierens Gebrauch gemacht?
- ✔ Wird deutlich gemacht, warum ein Text zitiert wurde?
- ✔ Ist der Text korrekt, d.h. seiner eigenen Argumentation entsprechend, zitiert worden oder kann es sein, dass das Zitat ohne den Zusammenhang missverständlich ist?
- ✔ Wurden von jedem Text nur Einleitung und Schluss zitiert oder kann man der Auswahl der Zitate entnehmen, dass die Texte zumindest kursorisch über weite Passagen gelesen wurden?
- ✔ Werden alle zitierten Texte in der Bibliographie aufgeführt?
- ✔ Werden alle Einträge in der Bibliographie auch im Text zitiert?
- ✔ Sind die Literaturangaben formal einheitlich und fehlerfrei?

5 Argumentieren und Formulieren: Die Textproduktion

1 Schreibhandlungen: Was man bei der Textproduktion tut

Wissenschaftlichkeit

Sich wissenschaftlich mit einem Thema zu beschäftigen heißt, eine Reihe von kognitiven Operationen durchzuführen und ihr Ergebnis schriftlich festzuhalten. Zu den gängigen Kategorien zählen:
- Sammeln
- Sortieren
- Berichten
- Ordnen
- Kategorisieren
- Vergleichen
- Typologisieren
- Beschreiben
- Interpretieren

- Verstehen
- Evaluieren
- Erklären
- Argumentieren
- Thesen bilden
- Thesen prüfen
- Gesetzmäßigkeiten formulieren
- Voraussagen treffen

Schreibhandlungen

Alle genannten Operationen (die Liste ist sicher nicht vollständig, und die beiden zuletzt genannten Aktivitäten betreffen nur die Naturwissenschaften) sind so eng mit der Produktion von Texten verbunden, dass man sie auch als Schreibhandlungen bezeichnen kann, die den wissenschaftlichen Diskurs konstituieren. Die Konkurrenz unterschiedlicher Problemkonstitutionen und Relevanzeinschätzungen kann dann (und nur dann) zum Erkenntnisfortschritt beitragen, wenn sie sich „im Modus rationaler expliziter Diskussion" (SCHMIDT 2000: 339) bewegt, also ihre Themen, Probleme und Perspektiven transparent kommuniziert.

Praxis

In der Praxis gelingt das dadurch, dass sich wissenschaftliche Texte mit ihren Terminologien, Darstellungsverfahren und Strukturen an spezifischen Diskursregeln orientieren. Diese ergeben in ihrer Gesamtheit das, was man als wissenschaftliche Sprache oder wissenschaftlichen Stil bezeichnet. Da diese Sprache teilweise stark von der Alltagssprache abweicht, bereitet ihr passives Verständnis, insbesondere natürlich aber ihre aktive Verwendung vielen Studierenden große Schwierigkeiten. Das Problem ist jedoch nicht nur eine Frage der passenden Formulierung: Wie die Übersicht über gängige Argumentationsmuster (vgl. Kap. 4.3) oder auch die Aufstellung der Schreibhandlungen vergegenwärtigen, ist diese Sprache sehr stark formalisiert. Diesen Umstand, der gerade Studierenden Schwierigkeiten bereitet, kann man aber auch nutzen, um systematisch das akademische Schreiben, das sich am Ideal der wissenschaftlichen Sprache orientiert, zu erlernen und zu üben.

2 Der Aneignungsprozess: Von der ‚inneren Sprache' zur Wissenschaftssprache

Prozess

Den meisten Studienanfängern bereiten das passive Verständnis und vor allem der aktive Gebrauch der wissenschaftlichen Sprache große Probleme. Das ist kein Wunder, denn „[w]er wissenschaftlich formulieren möchte, benötigt ein umfangreiches Wissen über das, was in Fachtexten *üblich* ist, ein Wissen über ‚einschlägige' sprachliche Formen" (STEINHOFF 2003: 40; Herv. im Orig.). Ähnlich wie beim Erlernen einer Fremdsprache ist es aber nicht damit getan, einzelne wissenschaftliche Formulierungen oder Fachausdrücke zu verwenden. Vielmehr muss man lernen, in wissenschaftlichen Kategorien zu denken (vgl. Kap. 5.5.1) und die Ergebnisse von der Alltagssprache in die Wissenschaftssprache zu ‚übersetzen'.

Aneignungsstrategien

Da niemand als Wissenschaftler(in) geboren wird und daher niemand muttersprachliche Kompetenz in der Wissenschaftssprache besitzt, liegt es auf der Hand, dass es sich dabei um eine erlernbare Kompetenz handeln muss. Wie aber funktioniert die Aneignung? STEINHOFF (2003: 42) geht davon aus, dass sich der Erwerb wissenschaftlicher Sprachkompetenz während des Studiums als Ergebnis von Nachahmung und problemlösendem Handeln beschreiben lässt: als ein wissenschaftlicher Sozialisationsprozess (die sprachliche Anpassung an den wissenschaftlichen Stil der Fachliteratur sowie die Ausdrucksweise der Lehrenden), aber auch als Lernprozess, in dem die Studierenden sukzessive von der Alltagssprache zur Wissenschaftssprache übergehen.

Vier Phasen

Dabei lassen sich mit STEINHOFF (ebd.: 42ff.) vier Phasen – Imitation, Transformation, Erkennen der Spezifik und kontextuelle Passung – unterscheiden. Da die Übergänge fließend sind, genügt es, den allgemeinen Trend zu skizzieren: Insbesondere Schreibanfänger versuchen, Charakteristika des wissenschaftlichen Sprachgebrauchs wie den Nominalstil, die Dominanz des Passiv oder die Verwendung komplexer syntaktischer Strukturen nachzuahmen und machen dabei zahlreiche Ausdrucks-, Stil- und Syntaxfehler. Im weiteren Verlauf des Studiums zeigt sich, dass Studierende die Charakteristika der Wissenschaftssprache zunehmend erkennen, ihr wissenschaftliches Ausdrucksspektrum erweitern und schließlich wissenschaftliche Textkompetenz erreichen. STEINHOFF wertet die in der Übergangsphase noch häufig auftretenden Stilbrüche („die Frage zwängt sich auf“ statt „drängt sich auf“) nicht als Defizit, sondern als Spuren von Lernprozessen, die von einer aktiven Auseinandersetzung mit der Wissenschaftssprache (allerdings aber auch von mangelnder Übung) zeugen.

Fazit

Stilbrüche in studentischen Arbeiten sind folglich nicht unbedingt negativ zu werten, sondern können auch als Anzeichen für fortschreitende Aneignungsprozesse verstanden werden. Die Erwartungshaltung hinsichtlich der Sprache orientiert sich also – wie die Erwartungen hinsichtlich des Umfangs und der Komplexität der Arbeit – an der Studienphase (vgl. Abb. 2.2): Erst im Hauptstudium wird eine weitgehende Annäherung an die professionelle Wissenschaftssprache erwartet.

3 Merkmale und Regeln wissenschaftlicher Sprache

Konventionen

Was aber sind die spezifischen sprachlichen Konventionen der Wissenschaft? Wissenschaftliche Sprache zeichnet sich nicht nur durch den (kontrollierten) Einsatz von Fremdwörtern und Fachtermini aus, sondern auch durch eine Sprache, die weitgehend Mehrdeutigkeiten und subjektive Einschätzungen vermeidet. Aus diesem Grunde sollten Sie auf metaphorische Ausdrucksweisen ebenso verzichten wie auf Superlative oder Ausrufezeichen. Bemühen sollten Sie sich um Transparenz und Klarheit im Gedankengang sowie um einen präzisen Sprachgebrauch, der sich durch Objektivität und einen weitgehend deskriptiven oder explanativen Stil auszeichnet.

Objektivität

Sicher haben Sie das schon einmal gehört: In der Ich-Form zu schreiben ist unwissenschaftlich. Tatsächlich wird die erste Person Singular in akademischen Publikationen – zumindest im Deutschen – kaum verwendet. Woran liegt das eigentlich? Wissenschaftliche Sprache strebt stets eine möglichst präzise und objektive Darstellung an. Das Personalpronomen ‚Ich' hingegen verweist auf eine persönliche Erfahrung, individuelles Erleben oder eine eigene Meinung, die nicht unbedingt von anderen geteilt werden muss. Das ‚Ich' rückt also das schreibende Individuum in den Vordergrund. Doch gerade darum geht es beim akademischen Schreiben im Studium nicht: Hier soll man zeigen, dass man themenrelevante Aspekte erkennen, einander gegenüberstellen und nach benennbaren Kriterien analysieren und gewichten kann. Es geht also nicht um persönliche Meinungen, sondern sachbezogen um Thesen, Belege und Argumente. Welche Haltung zu einer Fragestellung Sie selbst einnehmen, ergibt sich indirekt aus der Auswahl, Anordnung und Einschätzung der dargestellten Positionen – auch ohne, dass Sie dabei sich selbst durch das Personalpronomen der ersten Person explizit ins Spiel bringen.

Aussagen

Wissenschaftliche Texte kombinieren unterschiedliche Arten von Äußerungen, die sich nach ihrer Funktion unterscheiden lassen: Deskriptive Aussagen beschreiben wertfrei einen Sachverhalt, explanative Aussagen erklären – ebenfalls ohne eigene Wertung – Zusammenhänge und gehen damit über reine Beschreibungen von Sachverhalten hinaus. Evaluative Aussagen schließlich bewerten das Dargestellte, etwa die einzelnen Standpunkte, die im Rahmen einer Argumentation vorgetragen werden. Daneben gibt es noch normative Aussagen. Letztere sind daran zu erkennen, dass sie häufig Wörter wie ‚prinzipiell', ‚stets', ‚immer', ‚generell', oder ‚grundsätzlich' enthalten.

Verwendung

In Studienarbeiten sollten normative Aussagen keinesfalls selbst aufgestellt, sondern allenfalls von etablierten Fachvertreter(inne)n übernommen werden, und zwar wiederum nur dann, wenn man sich sicher sein kann, dass die Äußerung zu den generell akzeptierten Grundlagen (Prämissen) des Faches zählt (z. B.: „Die Hauptgattungen der Literatur sind Epik, Dramatik und Lyrik"). Alle anderen Aussagen sind zu begründen bzw. zu belegen. Da (in wissenschaftlichen Texten zulässige) normative Aussagen naturgemäß nur Selbstverständliches artikulieren, sollten sie (wenn überhaupt) möglichst sparsam verwendet werden, denn aus ihnen lässt sich weder ein eigenständiger Gedankengang noch eine Argumentation gewinnen. Das Beschreiben, Erklären und Evaluieren macht hingegen den Großteil der akademischen Denk- und Schreibarbeit aus.

Regeln

Über die Sprache(n) der Wissenschaft ließe sich natürlich ein eigenes Buch schreiben. Da Studierende gerade während der Textproduktion aber eher konkrete Hilfen benötigen als theoretische Überlegungen, werden im Folgenden die wichtigsten Regeln aufgeführt, die beim wissenschaftlichen Schreiben zu beachten sind:

- **Fachtermini:** Man sollte so viele Fachtermini wie nötig verwenden, aber sicherstellen, dass sie korrekt gebraucht werden (ggf. in Fußnoten Definitionen anführen, um Missverständnisse zu vermeiden).
- **Fremdwörter:** Wenn es sich nicht um Fachtermini handelt, sollte man sie nach Möglichkeit vermeiden, denn sie sind überflüssig und können bei falscher Verwendung peinlich wirken (der Primat: Menschenaffe, aber das Primat: Vorrang; Exkursion: Ausflug, aber Exkurs: Abschweifung).
- **Ich/Wir:** Das Personalpronomen der ersten Person Singular ist nur an einer Stelle erforderlich (persönliche Erklärung zur selbstständigen Anfertigung der Arbeit), ‚wir' klingt in Bezug auf *eine(n)* Autor(in) antiquiert und ist ebenso unangemessen wie überflüssig.
- **Tempus:** Wissenschaftliche Arbeiten sind generell im Präsens abgefasst.
- **Passiv:** Passivkonstruktionen sind zwar an sich nicht negativ, sollten aber sparsam verwendet werden, da sie den Lesefluss hemmen. Nach Möglichkeit sollte man zwischen Aktiv und Passiv wechseln, um die Lesbarkeit zu verbessern.
- **Nominalstil und Partizipien:** Ebenfalls nicht an sich problematisch, da beide charakteristische Merkmal der deutschen Sprache sind; dennoch sind Auflösungen (Nebensätze) stets zu befürworten.
- **Syntax:** Ideal sind überschaubare und transparente Satzkonstruktionen, d. h. keine Schachtelsätze, aber auch keine dominant parataktische Syntax, die nur aus kurzen, unverbunden aneinander gereihten Hauptsätzen ohne Nebensätzen und Konjunktionen besteht.
- **Konjunktionen** (weil, obwohl, während, wenn etc.): Sie stellen kausale, temporale und konsekutive Beziehungen zwischen Haupt- und Nebensätzen her und erhöhen den Argumentationswert des Textes.
- **Konstruktionen** wie „einerseits…andererseits, zum einen…zum anderen, zwar…aber, sowohl…als auch, weder…noch" und Aufzählungen (Es gibt drei Arten von X, nämlich…; Vier Aspekte lassen sich unterscheiden, und zwar…): strukturieren den Text und sollten so häufig wie möglich verwendet werden.

> **TIPP**
> *Man kann davon ausgehen, dass die Seitenaufteilung bei einer 15 S. umfassenden Seminararbeit (ohne Deckblatt) etwa so aussieht: je 1,5 S. für Einleitung und Schluss, 1 S. für Bibliographie und 11 S. für den Hauptteil.*

4 Kohärenz erzeugen: Roter Faden, Navigationssystem und Strukturierungshilfen

Lückentext

Wenn das Thema gefunden ist, die Gliederung steht und die Bücher- und Kopienstapel durchgearbeitet worden sind und zum Nachschlagen sortiert bereitliegen, geht es richtig los: Ab jetzt wird geschrieben. In der ersten Phase ist es durchaus normal, dass der entstehende Lückentext mehr

Stichpunkte und Zitate aus der Sekundärliteratur umfasst als eigenständig verfasste Textteile. Es empfiehlt sich, in diesem Stadium mit den Strukturierungshilfen des Textprogramms zu arbeiten: Durch farbige Markierungen (jeweils eine Farbe für Thesen, Zitate, Argumente, Beispiele) oder die Verwendung unterschiedlicher Schriftarten und -größen für unterschiedliche Bauteile kann der Lückentext trotz seines fragmentarischen Charakters übersichtlich gestaltet werden. Zudem bietet es sich an, ab jetzt mit der Funktion „Textmarke setzen" zu arbeiten (bei Word unter ‚Einfügen'), mit deren Hilfe man zwischen den verschiedenen ‚Baustellen' des Textes hin und her springen kann.

Kohärenz

Allerdings hat ein Lückentext, selbst wenn er mit Hilfe der genannten Strukturierungshilfen so organisiert ist, dass man beim Schreiben mit ihm zurecht kommt, noch wenig mit dem angestrebten Endprodukt gemeinsam, das sich durch Stringenz und Kohärenz auszeichnen soll. Um in den Sackgassen des Lückentextes nicht das übergeordnete Ziel – den kohärenten Text mit einer stringenten Argumentation – aus den Augen zu verlieren, benötigt man ein ‚Navigationssystem', das beim Schreiben die Richtung vorgibt. Die meisten Ratgeber sprechen in diesem Zusammenhang von einem „roten Faden", der dabei behilflich ist, eine Argumentation oder einen Text klar zu strukturieren.

Ariadne

Das Bild des roten Fadens geht zurück auf die griechische Mythologie. Minos, König der Insel Kreta, hielt in einem Labyrinth den Minotaurus, ein hybrides Wesen mit dem Kopf und Schwanz eines Stieres und dem Körper eines Mannes, gefangen. Um dieses fürchterliche, Menschen fressende Ungeheuer zu besänftigen, wurden jedes Jahr sieben Jungfrauen und Jünglinge aus Athen als Menschenopfer in das verwinkelte Labyrinth geschickt, aus dem es kein Entrinnen gab. Um diesem Schrecken ein Ende zu bereiten und den Minotaurus zu töten, begab sich Theseus, der Sohn des athenischen Königs Ägeus, freiwillig in das Labyrinth. Ariadne, die Tochter von König Minos, die sich in den jungen Helden verliebt hatte, gab ihm ohne Wissen ihres Vaters ein magisches Schwert und eine Rolle Faden. Mit Hilfe dieser beiden Utensilien gelang es Theseus, den Minotaurus zu töten und das Labyrinth wieder zu verlassen: Er hatte den Faden bei seinem Weg ins Innere abgewickelt und folgte der so gelegten Spur zum Ausgang zurück.

„Roter Faden"

Ursprünglich bezeichnet der „rote Faden" also ein materielles Hilfsmittel, das aus einer unübersichtlichen Situation den Ausweg weist. Überträgt man diese Metapher auf Texte, so kann sie zweierlei bedeuten: zum einen Strukturierungshilfen, die das Verfassen eines langen und tendenziell unübersichtlichen Textes erleichtern (schließlich benötigt man – anders als Theseus – den roten Faden beim Schreiben schon, um überhaupt in den Text ‚hineinzukommen'), und zum anderen Rezeptionshilfen, die den Leserinnen und Lesern die Lektüre erleichtern.

Navigationssystem

Das Navigationssystem eines Textes ist die Gliederung, die oben ja bereits mit einem Bauplan verglichen wurde: Mit ihrer Hilfe entwirft (und entschlüsselt) man den Text. Aufbauend auf einer Grobgliederung der Textteile (vgl. Kap. 2.1) und den in Kap. 4.3 dargestellten Argumentationsmustern werden die Oberpunkte und Unterpunkte mit Inhalt gefüllt. Das Resultat, die Arbeitsgliederung, ist aber noch nicht feingliedrig genug, um beim Schreiben als roter Faden zu fungieren. Daher müssen jedem Unterpunkt die für den jeweiligen Abschnitt zentralen Schlüsselbegriffe stichpunktartig hinzugefügt werden, bis der Inhalt des zu schreibenden Abschnitts sich abzuzeichnen beginnt. Wenn auf diese Weise die nächsten zwei bis drei Seiten vorstrukturiert sind, kann man mit dem Schreiben beginnen und jederzeit prüfen, ob man noch auf dem richtigen Weg ist oder Gefahr läuft, sich in Exkursen zu verzetteln.

Absätze

Damit das gelingt, empfiehlt es sich, den Text in Absätze zu unterteilen, die etwa neun bis 15 Zeilen umfassen. Auf diese Weise finden etwa zwei bis drei Absätze auf einer Standardseite Platz. Folglich benötigt man drei Schlüsselbegriffe pro Seite, die jeweils einem argumentativen Schritt entsprechen. Nun scheint auf den ersten Blick eine Seite mit drei Schlüsselbegriffen nur unwesentlich weniger Angst einzuflößen als das sprichwörtliche leere Blatt. Rückendeckung erhält man jedoch durch eine weitere Strukturierungshilfe: die Absatzstruktur.

Absatzstruktur

Absätze sind die kleinste Gliederungseinheit eines Textes. Sie bestehen aus mehreren Sätzen, haben ein klar definierbares Thema (in diesem Absatz: ‚Absätze') und beginnen mit einem einleitenden Satz, dem sog. *topic sentence*, der das Thema bzw. die Kernaussagen des Absatzes ankündigt. Darauf folgen einige weitere Sätze, die das Thema ausführen oder mit Beispielen illustrieren. Ein gut strukturierter Absatz endet z.B. mit einer kurzen Zusammenfassung oder einer Überleitung zum nächsten Absatz. Auf diese Weise entwickelt sich die Argumentation von Absatz zu Absatz, von Unterkapitel zu Unterkapitel, von Kapitel zu Kapitel: Der rote Faden der Schlüsselbegriffe durchzieht den Text von der Einleitung bis zum Schluss.

> **TIPP**
> *Zum Konzept der Absatzstruktur (**paragraphing**) vgl. Aczel (2005: 51ff.). Dort finden Sie anhand anschaulicher Beispiele zahlreiche Hinweise zur sprachlichen Gestaltung von Absätzen, die wesentlich zur Verbesserung der eigenen Schreibfähigkeiten beitragen.*

Rezeptionshilfen

Während die zu Beginn der Schreibarbeit als Strukturierungshilfen eingefügten Stichpunkte beim Ausformulieren verschwinden, bleiben Überschriften und Gliederungszuordnungen sowie die Lenkung durch die Absatzstruktur bestehen. Hinzu kommen noch Zwischenresümees nach Unterkapiteln, erläuternde Fußnoten, illustrierende Beispiele und ggf. auch Abbildungen, die die Argumentation veranschaulichen. Diese Elemente fungieren im fertigen Text als Rezeptionshilfen, die die Lektüre erleichtern. Je besser sie aufeinander abgestimmt sind, desto besser funktioniert das Navigationssystem – und desto leichter lässt sich die Argumentation nachvollziehen.

TIPP

Bereits zu Beginn des Schreibprozesses sollten Sie unbedingt darauf achten, bei Zitaten und selbst bei einzelnen Begriffen, die Sie aus der Literatur übernommen haben und später zum Ausbau Ihrer Argumentation benötigen, immer genau und vollständig die Quelle anzugeben (vgl. Kap. 5.4). Dies gilt für jedes einzelne Zitat aus einem Text (die verschiedenen Zitate werden ja später in Ihrer Arbeit nicht mehr unmittelbar aufeinander folgen). Was am Anfang übertrieben penibel wirken mag, spart später die lästige Suche nach Belegstellen und dadurch vor allem viel Zeit!

5 Checkliste Textproduktion

CHECKLISTE

Bei der Textproduktion werden sowohl inhaltliche als auch stilistische und formale Fehler gemacht. Letztere werden erst bei der Endkorrektur beseitigt. Einige notorische Schwachpunkte sollten aber bereits während der Textproduktion berücksichtigt und vermieden werden, um den Arbeitsaufwand bei der Endkorrektur zu minimieren:

- ✔ Ergebnisse: Hat die Arbeit die Fragestellung bearbeitet, die Leitfragen beantwortet und die Beobachtungen und Ergebnisse nachvollziehbar dargestellt und zusammengefasst?
- ✔ Ausgewogenheit: Entspricht die Gewichtung der Textteile (im Hinblick auf ihren Umfang) ihrer Bedeutung für die Beantwortung der Fragestellung?
- ✔ Absatzstruktur: Ist der Text in Absätzen strukturiert, die als Sinneinheiten aufeinander aufbauen und die Argumentation voranbringen?
- ✔ Sekundärliteratur: Sind alle Zitate argumentativ eingebunden?
- ✔ Syntax: Wurden zu lange Sätze vermieden? Stimmen bei komplizierten Satzkonstruktionen (besonders anfällig: Genitiv- und Dativkonstruktionen) die Bezüge?
- ✔ Lexik: Werden zentrale Fachtermini benutzt und ggf. definiert? Sind darüber hinaus alle unnötigen Fremdwörter vermieden worden?
- ✔ Stil: Enthält der Text umgangs- oder alltagssprachliche Ausdrücke oder Redewendungen? Sind die verwendeten Metaphern und Bilder sowohl erforderlich als auch aussagekräftig?
- ✔ Wiederholungen: Gibt es störende Wortwiederholungen oder aufeinander folgend ähnliche oder gleiche Satzteile (z. B. gleiche Satzanfänge), die durch Synonyme bzw. alternative Formulierungen vermieden werden könnten?

6 Redigieren und Gestalten: Die Endredaktion

1 Voraussetzungen

Fertig?

Wenn Sie den letzten Satz zu Ende geschrieben haben, ist der Text leider noch lange nicht fertig. Denn im Anschluss an die Textproduktion, also das eigentliche Schreiben, steht die Qualitätskontrolle, das sog. Redigieren, an. Dieses schließt mindestens einen Korrekturdurchgang ein. Je nach Qualität und Umfang des ursprünglichen Manuskripts sowie der zur Verfügung stehenden Zeit können auch mehrere Durchgänge erforderlich sein. Nötig ist dieser Schritt, weil praktisch kein Manuskript fehlerfrei, geschweige denn perfekt ist. Denn aufgrund der unterschiedlichen Anforderungen kreativer und analytischer Aktivitäten konzentriert man sich beim Schreiben auf die Verschriftlichung der dem Text zugrunde liegenden Gedanken, Thesen und Argumente, also auf inhaltliche Aspekte.

Redigieren

Ob das Geschriebene zusammenpasst, systematisch strukturiert und sprachlich bestmöglich formuliert ist, zeigt sich erst dann, wenn man es während des Redigierens analytisch und selbstkritisch betrachtet. Was aber ist im Einzelnen zu tun? Das Redigieren umfasst alle Tätigkeiten, die mit dem Vorbereiten eigener oder fremder (d.h. von anderen geschriebener) Texte für die weitere Verwendung (Publikation, Zirkulation innerhalb einer Firma oder Organisation oder, im Fall von Studienarbeiten, aber auch Anträgen oder Petitionen jeder Art, Einreichung bei der bewertenden Person/Stelle) einhergehen. Das Redigieren zählt daher zu den Aufgaben von Herausgeber(inne)n (z.B. eines Sammelbandes oder einer Buchreihe), Redakteur(inn)en von Zeitschriften, Mitarbeiter(inne)n in den Lektoraten von Verlagen oder freiberuflichen Textbearbeiter(inne)n, die im Auftrag von Verlagen Korrekturarbeiten durchführen.

Grenze

Anders als professionelle Autor(inn)en oder Verlage sollten Sie bei der Anfertigung Ihrer Hausarbeiten nicht auf die Hilfe anderer Personen bei der Verbesserung Ihrer Arbeiten zurückgreifen. Zwar ist es durchaus empfehlenswert und sicher nicht regelwidrig, andere Studierende den eigenen Text lesen und kommentieren zu lassen. Die fremde Unterstützung sollte aber nicht über ein mündliches Feedback oder eine sprachliche Korrektur (Korrekturlesen) hinausgehen und auf keinen Fall eine Mitarbeit am Text (sei es durch das Einfügen neuer Passagen oder gar das Umschreiben einzelner Teile) beinhalten. Grenzfälle sind natürlich die in manchen Fächern zulässigen Gemeinschaftsarbeiten, doch in solchen Fällen muss eindeutig gekennzeichnet sein, wer welchen Beitrag geleistet hat.

Voraussetzung

Die wichtigste und zugleich schwierigste Voraussetzung für das erfolgreiche Redigieren eines Textes ist ein unvoreingenommener, weitgehend objektiver Blick auf das Geschriebene. Wichtig ist dies deshalb, weil der gesamte Text auf dem Prüfstand steht. Sowohl der Aufbau und die Struktur als auch die Schlüssigkeit der Argumentation und natürlich die sprachliche

Gestaltung müssen von Ihnen anhand der Bewertungskriterien (vgl. Kap. 2.3) überprüft werden, so wie es der/die Dozent(in) nach Abgabe der Arbeit auch tun wird. Schwierig ist eine solche Testphase natürlich deshalb, weil man sich beim Schreiben ja bereits größte Mühe gegeben hat, an einzelnen Formulierungen hängt und selbst logische Inkonsistenzen oder grammatikalisch falsche Satzkonstruktionen oft gar nicht mehr wahrnimmt, weil man selbst ja genau weiß, was man sagen wollte.

Distanz

Wie lässt sich also die erforderliche Objektivität zurückgewinnen? Das beste Mittel ist die zeitliche Distanz. Lassen Sie den Text ein paar Tage liegen und nehmen Sie ihn sich dann erneut vor. Das Problem ist, dass die meisten Arbeiten erst so knapp vor dem Erreichen des Abgabetermins fertig gestellt werden, dass für längere Ruhephasen einfach keine Zeit bleibt. Man kann eine gewisse Distanz auch erreichen, indem man ein paar Stunden lang etwas völlig anderes fernab vom Bildschirm tut, weil zum frischen Blick auch ausgeruhte Augen erforderlich sind. Fangen Sie mit dem Redigieren dann bei dem Teil der Arbeit an, den Sie zuerst geschrieben haben.

Ausdruck

Egal wie gut und groß der verwendete Monitor ist: Das Redigieren ist eine Tätigkeit, die man nicht am Computer erledigen sollte. Zum einen fördert das Lesen eines Ausdrucks auch wieder die Distanz, denn bislang haben Sie das Geschriebene ja vielleicht noch nicht gedruckt gesehen. Zum anderen zeigt die Erfahrung, dass sich Fehler und Korrekturen leichter auf der Papierversion erkennen und markieren lassen. Selbst wenn Sie mit den Möglichkeiten gängiger Textverarbeitungsprogramme bestens vertraut sind, ist es ungleich schwieriger, am Bildschirm die Übersicht zu behalten und alle Fehler zu entdecken. Hinzu kommt, dass beim Redigieren häufig seiten- bzw. kapitelübergreifende Korrekturen notwendig erscheinen. Größere Eingriffe in die Textstruktur wie Umstellungen, das Austauschen ganzer Absätze oder das Ersetzen einzelner Passagen lassen sich nur am Ausdruck übersichtlich vorbereiten.

2 Analytisch-kritisch lesen, Korrekturlesen, Endkorrektur: Der dreistufige Prozess des Redigierens

Drei Phasen

Beim Redigieren lassen sich drei Phasen unterscheiden: Das analytisch-kritische Lesen des eigenen Textes, das Korrekturlesen und die Endkorrektur. Dieser dreistufige Prozess dient in professionellen Kontexten (wo jede Stufe mehrmals durchlaufen wird) dazu, das Manuskript nach dem Abschluss der Schreibarbeit in ein druckreifes Dokument zu verwandeln, das sich durch inhaltliche Kohärenz auszeichnet, keine sachlichen und formalen Fehler mehr enthält und zudem einwandfrei formatiert ist. Da man bei jedem dieser redaktionellen Durchgänge auf andere Aspekte achten muss und eine Korrektur der Rechtschreibung und Zeichensetzung ohnehin erst nach der letzten inhaltlichen Änderung sinnvoll ist (mit jeder Änderung entstehen ja neue potentielle Fehlerquellen), sollten diese Phasen nicht parallel, sondern besser nacheinander durchlaufen werden.

> **TIPP**
> *Naturgemäß hängt die für das Redigieren benötigte Zeit vom Umfang des Textes ab: Die schriftliche Ausarbeitung eines Referats kann schon in einer Stunde redigiert sein, bei einer Masterarbeit dauert der Prozess mehrere Tage. Allein das konzentrierte formale Korrekturlesen nimmt mindestens eine Stunde für acht bis zehn Seiten in Anspruch. Dies ist bei der Zeitplanung zu beachten.*

Analytisch-kritisches Lesen

Das Redigieren beginnt mit dem analytisch-kritischen Lesen (vgl. Kap. 5.4.2) des gesamten Textes. Wichtig ist, dass der Text durchgehend, also vom Anfang bis zum Schluss, gelesen wird, denn nur so können Aufbau und Argumentationsstruktur im Gesamtkontext betrachtet und beurteilt werden. Kritisch-analytisches Lesen ist ein Mittelding zwischen ‚normalem' Lesen, das ‚nur' auf die Erfassung des Inhalts ausgerichtet ist, und dem Korrekturlesen, bei dem die sprachliche Qualität des Textes Buchstabe für Buchstabe und Wort für Wort geprüft wird. Das kritische Lesen geht über das inhaltliche Verständnis insofern hinaus, als ständig mitbedacht wird, ob der Text den selbst gesetzten Ansprüchen bzw. den Bewertungskriterien (vgl. Kap. 2.3) wirklich gerecht wird.

Ziel

Das Ziel der analytisch-kritischen Lektüre ist es, eine Themaverfehlung auszuschließen und zugleich darauf zu achten, an welchen Stellen der inhaltliche Fokus, das eigentliche Thema der Arbeit, womöglich aus dem Blick gerät. Markieren Sie diese Stellen und merken Sie an, was fehlt (Bezug zum Oberthema, Präzisierung des Ziels des Abschnitts etc.). Erforderliche Änderungen sollten in einem separaten Arbeitsschritt vorgenommen werden, so dass die Aufmerksamkeit in dieser Phase der kritischen Lektüre auf den Gesamtzusammenhang gerichtet bleibt. Manche Ratgeber empfehlen, im Kopf das Geschriebene ‚mitzuhören'. Auf diese Weise zwingt man sich, langsam und aufmerksam zu lesen und auf sprachliche und inhaltliche Feinheiten zu achten.

> **TIPP**
> *Lesen Sie sich vor der kritischen Lektüre Ihrer Arbeit noch einmal die Kapitel 2.3 (Bewertungskriterien) und 4.3 (Argumentationsmuster) in diesem Band aufmerksam durch.*

Überarbeitung

Auf das analytisch-kritische Lesen folgt in der Regel zunächst eine weitere Schreibphase, denn die entdeckten logischen Brüche, Inkonsistenzen, Wiederholungen oder auch fehlenden Textteile müssen durch eine Überarbeitung des Textes beseitigt bzw. ergänzt werden. In dieser ersten Überarbeitungsphase nach dem Abschluss des Manuskripts (vorläufige Fassung) werden häufig noch größere strukturelle Eingriffe (z.B. Umstellen von Unterkapiteln) und das Umschreiben ganzer Textteile (meistens Anpassung der Rahmentexte, d.h. Einleitung und Schluss) erforderlich. In dieser Phase muss auch durch Kürzungen bzw. Einfügen zusätzlicher Abschnitte der vorgeschriebene Umfang erreicht werden. Ist die Überarbeitung abgeschlossen, wird der Text erneut analytisch-kritisch gelesen und überarbeitet.

Durchgänge

Wie viele Durchgänge (Lesen/Überarbeiten) erforderlich sind, hängt vom Schreibtyp ab: Wer viel und schnell schreibt, muss meist länger überarbeiten als jemand, der bereits während der Textproduktion jedes Wort auf die Goldwaage legt. Irgendwann kommt jedoch der Punkt, an dem man nicht mehr kann, nicht mehr mag, nicht mehr darf (Abgabetermin!) oder vielleicht einfach auch rundum zufrieden ist mit der eigenen Arbeit. Dieses Glücksgefühl ist einem allerdings nur selten vergönnt; permanente Unzufriedenheit scheint für Schreibende der Normalzustand zu sein, und kaum ein/e Autor(in) würde ohne Termindruck ein Manuskript jemals freiwillig aus der Hand geben. Jetzt ist es jedoch an der Zeit, vom kritischen Lesen zur zweiten Phase überzugehen: dem Korrekturlesen.

Korrekturlesen

Beim Korrekturlesen behält man nicht mehr die Gesamtstruktur im Blick und konzentriert sich auch nicht mehr auf die Argumentation, sondern legt den Fokus auf die sachliche Richtigkeit der verwendeten Informationen. Jahreszahlen, Namen, bibliographische Angaben, Zitate und Zitatbelege – all das muss jetzt überprüft und ggf. verbessert werden. Selbst wenn man sich beim Schreiben bereits viel Mühe gegeben hat, wird man in diesem Stadium in der Regel noch etliche Fehler finden. Mit jeder Korrektur wird der Text aber besser, und Sie können sich einem weiteren wesentlichen Bereich widmen: der Sprache.

Vorlesen

Lesen Sie Ihren Text ruhig auch einmal laut, mit oder ohne Publikum. Zwar ist bei wissenschaftlichen Arbeiten nicht die Eleganz der Formulierungen, sondern der dadurch transportierte Inhalt das wichtigste Qualitätskriterium. Wenn Sie aber bereits beim Vorlesen über lange Schachtelsätze oder gewagte grammatikalische Konstruktionen stolpern, ist die Sache klar: Das muss auch einfacher gehen. Haben Sie verstanden, was die Fachtermini eigentlich bedeuten? Wenn ja, sind sie meistens notwendig (sie machen Ihnen dann in der Regel aber auch keine Probleme beim Vorlesen). Falls nicht, überarbeiten Sie noch einmal Ihre Definitionen. Teilen Sie einmal versuchsweise Ihre Sätze in mehrere Teilsätze auf: Die Struktur wird augenblicklich transparenter. Gewagte grammatikalische Konstruktionen erweisen sich bei näherem Hinsehen häufig als falsch. Besonders verdächtig sind mehrere aufeinander folgende Genitive oder Dative, Partizipien, die man nur aus dem Lateinunterricht kennt, oder längere Parenthesen. Wenn Sie sie auflösen, haben Sie einen Text, den man nicht nur flüssig vorlesen, sondern auch leichter verstehen kann.

TIPP

Achten Sie unbedingt darauf, dass für das Korrekturlesen noch genügend Zeit bleibt. Ein Text, der Rechtschreib- und Zeichensetzungsfehler in größerer Anzahl aufweist, wird nicht die volle Punktzahl erreichen, selbst wenn er inhaltlich sehr gut ist.

Endkorrektur

Das Ziel der Endkorrektur ist es, dem Text den letzten Schliff zu geben. Dazu müssen sprachliche und formale Fehler und Mängel aufgespürt und beseitigt werden. Eindeutig falsch sind natürlich alle Rechtschreibfehler (sowohl Flüchtigkeitsfehler als auch solche, die aus Unkenntnis entstanden sind), Fehler bei der Groß- und Kleinschreibung sowie der Zeichensetzung und Silbentrennung, stilistische Fehler und grammatikalisch falsche Konstruktionen. Auch Sprachgenies sollten unbedingt häufig den Duden konsultieren, denn seit dem Beginn der Rechtschreibreform im Jahr 1996 hat es zahlreiche Neuregelungen und kontrovers diskutierte Ausnahmefälle gegeben, die kaum noch ohne Hilfe zu überblicken sind.

Rechtschreibreform

Im Juli 1996 vereinbarten die deutschsprachigen Länder neue Regeln der Rechtschreibung. Allerdings galt bis August 2005 eine Übergangsregelung, der zufolge die neuen Schreibweisen noch nicht allgemein verbindlich waren. Die Bundesländer Nordrhein-Westfalen und Bayern weigerten sich, die Rechtschreibreform zum 1. August 2005 in Kraft zu setzen. Ende Februar 2006 wurden die Empfehlungen des Rats für Rechtschreibung an die Kultusministerkonferenz weitergereicht. Sie sehen vor, in Sonderfällen alte und neue Schreibweisen alternativ zuzulassen. Diese ambivalenten Fälle betreffen Beispiele aus der Getrennt- und Zusammenschreibung (z. B. klein schneiden und kleinschneiden) sowie der Groß- und Kleinschreibung (z. B. die Anrede Du bzw. du in Briefen). Die neuen Regeln werden in der nächsten Auflage des Duden enthalten sein.

Mängel

Neben der Fehlersuche und -beseitigung geht es bei der Endkorrektur auch um sprachliche Verbesserungen, die typischerweise die Ausdrucksweise und die Syntax betreffen. Dabei handelt es sich streng genommen nicht um Fehler, sondern um sprachliche Mängel, die den Gesamteindruck einer ansonsten sehr guten Arbeit mindern und auch Abzüge in der Bewertung nach sich ziehen können. Dazu zählen etwa Wortwiederholungen und Stilbrüche. Auch ein allzu einfacher, parataktischer Satzbau oder eine verschachtelte Syntax werden den Anforderungen an den Stil geistes- und kulturwissenschaftlicher Arbeiten nicht gerecht.

Korrekturvorschriften

Zur Markierung der beim Lesen entdeckten Fehler und Mängel hat sich unter Profis eine bestimmte Symbolsprache etabliert. Diese sog. Korrekturzeichen dienen einem einzigen Zweck: Sie sollen eindeutig anzeigen, was beanstandet wird und wie die bevorzugte Alternative aussieht. Dies ist erforderlich, weil gerade in professionellen Kontexten die durch den/die Lektor(in) vorgeschlagenen Änderungen häufig von anderen Personen eingegeben werden. Daher orientieren sich alle Beteiligten an dem Standard, der unter der Überschrift „Textkorrektur“ im Rechtschreib-Duden abgedruckt ist. Diese Vorschriften beinhalten die Hauptregel, die besagt, dass jedes im Text eingefügte Korrekturzeichen zur besseren Übersicht am Rand deutlich sichtbar zu wiederholen ist.

Zeichen

Im Anschluss daran stellt der Duden auf mehreren Seiten die wichtigsten Korrekturzeichen vor. Dabei werden auch Fehler berücksichtigt, die durch den Druck entstanden sind, etwa verschmutzte, beschädigte oder auf dem Kopf stehende Buchstaben. Die wichtigsten anderen Fehler, die sich auf die Druckvorlage beziehen (bzw. die Version einer Studienarbeit, die zur Begutachtung eingereicht werden soll), finden sich in Abb. 5.5. Manche Zeichen sind zunächst gewöhnungsbedürftig, etwa das geschwungene Tilgungszeichen, das im Fachjargon ‚deleatur' (lat.: es werde getilgt) heißt. Es gibt mit Blick auf den Berufseinstieg aber dennoch einen guten Grund, warum Sie diese Zeichen auch bei privaten Korrekturen Ihrer eigenen Arbeiten verwenden sollten: Bei einer Bewerbung auf Stellen, aber auch Praktika in einem Lektorat o.ä. wird erwartet, dass Sie die einschlägigen Korrekturzeichen – und selbstverständlich natürlich alle Regeln der aktuellen deutschen Rechtschreibung – sicher beherrschen.

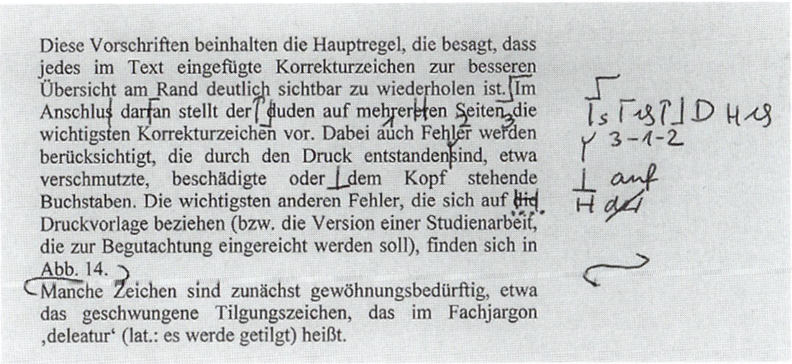

Diese Vorschriften beinhalten die Hauptregel, die besagt, dass jedes im Text eingefügte Korrekturzeichen zur besseren Übersicht am Rand deutlich sichtbar zu wiederholen ist. Im Anschlus darfan stellt der duden auf mehrerten Seiten die wichtigsten Korrekturzeichen vor. Dabei auch Fehler werden berücksichtigt, die durch den Druck entstandensind, etwa verschmutzte, beschädigte oder dem Kopf stehende Buchstaben. Die wichtigsten anderen Fehler, die sich auf did Druckvorlage beziehen (bzw. die Version einer Studienarbeit, die zur Begutachtung eingereicht werden soll), finden sich in Abb. 14.
Manche Zeichen sind zunächst gewöhnungsbedürftig, etwa das geschwungene Tilgungszeichen, das im Fachjargon ‚deleatur' (lat.: es werde getilgt) heißt.

Abb. 5.5: Die wichtigsten Korrekturzeichen

Computer & Fehler

Durch die Textverarbeitung mit dem Computer entstehen zahlreiche Fehlerquellen, auf die man bei der Endkorrektur ebenfalls achten sollte. So kommt es häufig vor, dass beim Verschieben von Textteilen überflüssige Satzreste übersehen werden und stehen bleiben. Unter der automatischen Rechtschreibhilfe der Textverarbeitungsprogramme (z.B. Word 2003 von Microsoft) leiden häufig englischsprachige Zitate (so wird aus „for the" regelmäßig „fort he"), die deshalb akribisch zu überprüfen sind.

Hilfen

Das Textverarbeitungsprogramm kann allerdings auch beim Redigieren helfen. Zu den wichtigsten Funktionen zählen:

- die Rechtschreibhilfe, die Tippfehler, falsche Wortendungen oder verdächtige grammatikalische Konstruktionen durch wellenförmige Unterstreichungen anzeigt
- die automatische Silbentrennung (Vorsicht bei fremdsprachigen Zitaten im Text; im Englischen etwa gelten andere Trennungsregeln als im Deutschen!)
- das Suchen bestimmter Stellen im Dokument (‚Bearbeiten' ➛‚Suchen')
- das Ersetzen einzelner Wörter oder Wortkombinationen im gesamten

Dokument (‚Bearbeiten‘ ➛‚Ersetzen‘); hier muss darauf geachtet werden, dass auch der Fußnotenbereich mit einbezogen wird. Durch die Benutzung der erweiterten Optionen bzw. der Optionen ‚Format‘ und ‚Sonstiges‘ im Menü ‚Suchen und Ersetzen‘ kann man genaue Suchkriterien definieren und nach bestimmten Formatierungen suchen (das ist wichtig, falls Sie z.B. die sog. geraden Anführungszeichen durch typographische ersetzen müssen).

- das Markieren der durchgeführten Änderungen im Dokument (‚Extras‘ ➛ ‚Änderungen nachverfolgen‘); diese Funktion zeigt durch farbige Markierungen sowie automatisch eingefügte Randbemerkungen an, was im Text gelöscht und neu hinzugefügt wurde. Sie erlaubt auch das Einfügen von Kommentaren. Im sog. Überarbeitungsfenster, einer Spezialansicht, die sich auch im Menü ‚Änderungen nachverfolgen‘ direkt ein- und ausschalten lässt, werden alle vorgenommenen Änderungen und eingefügten Kommentare in Listenform angezeigt.

Wichtig ist, dass Sie sich mit diesen Funktionen nicht erst während der (erfahrungsgemäß anstrengenden) Korrekturphase, sondern rechtzeitig anhand von ‚Übungsdokumenten‘, etwa älteren Hausarbeiten, vertraut machen.

TIPP

Es kommt immer wieder vor, dass durch Abstürze von Computern, Hardwarefehler (defekte Festplatte) oder Verlust bzw. Diebstahl des USB-Stick Dateien verloren gehen. Speichern Sie die zu Ihrer Arbeit gehörenden Dateien daher auf mindestens einem alternativen Datenträger (USB-Stick, Diskette, CD) oder zumindest einer anderen Partition der Festplatte. Sinnvoll ist auch, sich die Dateien in regelmäßigen Abständen als E-Mail-Anhang selbst zuzuschicken – auf diese Weise ist noch eine Sicherheitskopie auf dem Web-Server Ihres Providers zwischengelagert.

3 Checkliste Korrekturen

CHECKLISTE

Kritisches Lesen, das Erarbeiten von Verbesserungsvorschlägen und gründliches Korrekturlesen sind Voraussetzungen für eine sehr gute Bewertung. Die Checkliste enthält zehn Fragen, die auf notorische Schwachpunkte aufmerksam machen, auf die man beim Korrigieren besonders achten sollte:

- ✔ Umfang: Wurde die vorgegebene Seitenzahl eingehalten oder ist der Text zu lang bzw. zu kurz?
- ✔ Rechtschreibung und Zeichensetzung: Wurden die Regeln der neuen Rechtschreibung konsequent angewendet und sind alle Kommata an der richtigen Stelle (z.B. vor Nebensätzen)?
- ✔ Tippfehler: Finden sich noch falsche, doppelte, fehlende, vertauschte oder überflüssige Buchstaben oder Wörter?

- ✔ Trennungen: Entsprechen sie der neuen Rechtschreibung? Sind fremdsprachliche Trennungsregeln berücksichtigt?
- ✔ Syntax: Sind alle Satzkonstruktionen grammatikalisch korrekt?
- ✔ Zitate: Sind alle Zitate als solche gekennzeichnet und einheitlich belegt?
- ✔ Wortzwischenräume: Fehlen Leerzeichen, oder sind zu viele eingefügt?
- ✔ Bibliographie: Sind alle Literaturangaben vollständig aufgeführt und dem stylesheet entsprechend einheitlich formatiert?
- ✔ Layout: Ist der Text (inkl. Überschriften und Fußnoten) fehlerfrei formatiert? Beginnen Hauptkapitel jeweils auf einer neuen Seite? Sind Seitenzahlen eingefügt?
- ✔ Last, not least: Wird die Konjunktion „dass“ immer korrekt geschrieben und an der richtigen Stelle verwendet?

„Was waren das für Zeiten, als den Schriftstellern das Schreiben noch schwer fiel! Als sie manchmal jahrzehntelang gar nicht schreiben konnten (Uwe Johnson). Als sie ihren Verleger nicht in jeder dritten Saison mit einem 2000-Seiter bedrängten, der dann mühsam auf verträgliche 1000 herunterlektoriert werden musste. Als sie ihn im Gegenteil mit sibyllinischen Ausreden brieflich in Schach hielten, ohne den versprochenen Roman je zu liefern (Wolfgang Koeppen). Ach, was waren das für Zeiten, als die Verschriftlichung der Welt offenbar noch eine Schwierigkeit darstellte, mit der nicht jeder spielend fertig wurde." (Radisch 2006: 55)

1 Formen und Ursachen von Schreibhemmungen

Extreme

In ihrer ironischen Rückschau auf „die gute alte Schreibhemmung" beschreibt Iris Radisch in der Wochenzeitung *Die Zeit* (9/2006, 55) zwei Extreme: Auf der einen Seite Autoren wie Johnson und Koeppen, die sich jeden Satz, jedes Wort mühevoll abringen mussten, auf der anderen Seite notorische Vielschreiber vom Typ Ken Follett. Nicht nur Romanautoren, sondern auch Verfasser wissenschaftlicher Texte kennen das Gefühl, mit Schreibhemmungen vor einem leeren Blatt zu sitzen, denn „spielend fertig" (ebd.) wird kaum jemand mit der „Verschriftlichung der Welt" (ebd.), egal ob es sich um fiktionale Geschichten oder wissenschaftliche Arbeiten handelt.

Schreiballtag

Schreibprobleme gehören zum Schreiballtag wie das Lampenfieber zum öffentlichen Auftritt. Professionellen Autorinnen und Autoren sind sie aus der Praxis meist sogar vertrauter als jene (leider extrem seltenen) kreativen Phasen, in denen man sich wünscht, die Gedanken direkt in den Computer übertragen zu können, weil selbst das beste Zehn-Finger-System mit der Geschwindigkeit der Einfälle nicht Schritt halten kann. Daher kämpfen auch Vielschreiber ständig gegen Unlust, Versagensängste und äußeren Druck an und erfinden immer neue Ausreden, um den Abgabetermin hinauszuschieben.

Schreibprofis

Schreibprofis unterscheiden sich von Schreibanfängern nicht etwa durch die Qualität der Ausreden (unglaubwürdige Klassiker sind abgestürzte Computer, nicht funktionierende Drucker oder nie beim Empfänger angekommene E-Mails). Der prinzipielle Unterschied ist vielmehr

1. die Erfahrung, dass sich solche negativen Phasen überwinden lassen und die Texte irgendwann doch irgendwie fertig werden,
2. die genaue Kenntnis der eigenen Arbeitsweise und eine innere Uhr mit eingebautem Warnsignal, das ertönt, wenn es wirklich kritisch wird, und
3. ein Set von in der Praxis bewährten und auf die eigene Persönlichkeitsstruktur abgestimmten Problemlösungsstrategien: Der letzte Abgabetermin muss immer verbindlich eingehalten werden, sonst ist man den Job los.

Definition

Bevor in den weiteren Abschnitten dieses Kapitels einige dieser Problemlösungsstrategien vorgestellt werden, soll jedoch zunächst die Frage diskutiert werden, was Schreibhemmungen, Schreibblockaden oder Schreibprobleme eigentlich sind. Zum einen gibt es Lern- und Schreibstörungen, deren Diagnose und Therapie Fachleuten vorbehalten bleiben. Eine erste Anlaufstelle für Studierende mit Problemen dieser Art sind die psychologischen Beratungsstellen der Zentralen Studienberatungen der Universitäten, die zumindest entsprechende Adressen vermitteln können. Zum anderen gibt es vielfältige Schreibprobleme mit weniger grundlegenden, kognitiven oder emotionalen, Ursachen, die man durch eine kompetente Schreibberatung oder auch Anregungen aus der Ratgeberliteratur in den Griff bekommen kann. Hier lassen sich mit Dittmann u.a. (in Ehlich/Steets 2003) wiederum Schreibblockaden, mit denen auch Profis zu kämpfen haben, von Schreibdefiziten unterscheiden. Letztere können motivationale Ursachen haben oder „in der mangelnden Vertrautheit mit Textbildungsmustern akademischer Textsorten“ (ebd.: 160f.) wurzeln.

Symptome

Auf der Grundlage einer empirischen Untersuchung der Schreibprozesse von 113 Proband(inn)en, den Erkenntnissen aus der mehrjährigen Beratungsarbeit des 1993 gegründeten Marburger Schreiblabors sowie Interviews zu den Schreiberfahrungen von 15 Wissenschaftlern analysiert Keseling (2004) die Ursachen für Schreibblockaden und kommt dabei zu dem Schluss, dass der häufig beklagte Ideenmangel, Konzentrationsprobleme oder Unlust eigentlich nur Symptome und die Selbsteinschätzungen der Befragten von den tatsächlichen Ursachen der Schreibblockaden zu trennen seien.

Selbsteinschätzung

Die in Sätzen wie „Ich ‚bin‘ ja nur GHR“ (GHR = Gesamtschule, Hauptschule, Realschule) ausgedrückte Identifizierung mit einem als wenig anspruchsvoll angesehenen Studiengang etwa verweist auf zwei grundlegende Probleme: Die ‚Schuld‘ für das vermeintliche Versagen beim Schreiben der Seminararbeit wird häufig von den von Schreibblockaden Betroffenen nicht in der mangelhaften Vermittlung von Textwissen und Schreibkompetenzen gesehen, sondern in einer Unzulänglichkeit der eigenen Person. Zudem werden die Bedeutung der eigenen Tätigkeit unnötig (und auch ungerechtfertigt) abgewertet und zugleich den eigenen Entfaltungsmöglichkeiten allzu enge Grenzen gesetzt: Wenn man sich als Erstsemester für das Lehramt der Primarstufe einschreibt, muss (und sollte!) das ja nicht von vornherein ausschließen, dass man irgendwann sein Berufsziel ändert. Wer Spaß daran hat, Hausarbeiten zu schreiben, dabei gut ist und nach dem ersten Abschluss die zur Zulassung zur Promotion noch fehlenden Leistungsnachweise nachholt, kann z.B. promovieren, lehren, forschen und schließlich Professor(in) für Didaktik werden. Warum nicht?

Ursachen

Neben mangelndem Selbstvertrauen und überzogener Selbstkritik liegen die Ursachen für Schreibblockaden, die sich hinter den oben angeführten symptomatischen Selbsteinschätzungen verbergen, auch in Wissensdefiziten, fehlender Praxis und, daraus resultierend, fehlender Schreibtechnik (individuelle, persönliche Gründe wie Überforderung, Familie, Krankheit etc., die eine therapeutische Beratung bzw. eine Umstrukturierung der Lebensumstände erfordern, werden hier ausgeklammert). KESELINGS (2004) Studie und Beobachtungen aus der eigenen Beratungstätigkeit zeigen, dass einige Grundprobleme immer wieder festzustellen sind:

- unzureichende Kenntnis der Anforderungen (mangelndes Textsortenbewusstsein und Textwissen) bzw. mangelnde Vorbereitung in der Themenfindungsphase,
- mangelhafte Beherrschung zentraler Arbeitsstrategien (z. B. Recherche, Literaturbeschaffung, -verwaltung und Auswertung),
- mangelnde Gliederungs- und Strukturierungskompetenz,
- zu früher oder zu später Beginn mit der Textproduktion,
- keine systematische Ablage, so dass die benötigten Informationen beim Schreiben nicht bereitliegen,
- Festhalten an Ideen bzw. Textteilen früherer Entwicklungsstufen, die sich aber in die neue Gliederung logisch nicht mehr einfügen,
- zu langsames Schreiben bzw. ständiges Ändern des eigenen Textes (Vermischung von kreativem und analytischem Arbeiten),
- zu hohe Ansprüche an die eigene Arbeit (Perfektionismus),
- mangelnde Kommunikation mit den Lehrenden.

Drei Bereiche

Diese Liste ist nicht vollständig und lässt sich empirisch untermauern (vgl. 6.3). Die meisten dieser Probleme lassen sich einem von drei Bereichen zuordnen, die in den folgenden Kapiteln besprochen werden. Dabei handelt es sich um

- **Zeitprobleme**, die auf mangelndes oder mangelhaftes Zeit- und Projektmanagement zurückzuführen sind,
- **technische Probleme**, die während des Schreibens auftreten, und
- **emotionale Probleme sowie Motivations- und Inspirationsmangel**, die den Schreibbeginn hinauszögern, den Schreibprozess verlangsamen oder die Fertigstellung der Arbeit verhindern.

Ein vierter Grund von Schwierigkeiten beim Schreiben sind Kommunikationsprobleme, die den Kontakt zwischen Studierenden und Lehrenden behindern. Letztere beraten Sie bei Schreibproblemen gerne, doch die Voraussetzung dafür ist, dass sie wissen, was los ist. Erinnern Sie sich an die dritte Spielregel in Kap. 2.1? – **Kommunizieren!**

Individuelle Vorgehensweisen

So unterschiedlich Autorinnen und Autoren in ihrer Arbeitsweise, ihren Präferenzen und auch Schreibproblemen sind, so unterschiedlich sind auch ihre Bedürfnisse, wenn es darum geht, Auswege aus der Schreibkrise aufzuzeigen. Es gibt Studierende, die ohne fertiges Konzept einfach losschreiben (und meist irgendwann in einer Sackgasse landen), andere, die den Schreibbeginn so lange wie möglich hinauszögern, um erst eine fertige Gliederung zu haben, und dann in Zeitnot geraten; es gibt *Schwafler,* die problemlos ein paar Seiten am Stück schreiben (meist voller Redundanz, versteht sich), um dann später beim Kürzen die Übersicht zu verlieren, und auf der anderen Seite *Asketen*, die jedes Wort auf die Goldwaage legen und Mühe haben, den erforderten Umfang zu erreichen; es gibt *Technik-Fans*, die nur mit der neuesten Computer-Hardware arbeiten, und *Puristen*, die am liebsten mit der Hand auf Schmierpapier schreiben; es gibt *Pragmatiker*, die einfach nur die Arbeit fertigmachen und abgeben wollen, egal, wie sie benotet wird, und *Perfektionisten*, die nur völlig fertige Texte aus der Hand geben wollen und daher niemals mit ihrer Arbeit zufrieden sind.

Guter Rat?

Angesichts der Vielfalt von Schreibpersönlichkeiten und Ursachen für Schreibblockaden kann es keine Patentrezepte geben. Lösungen für alle Probleme zu versprechen, ist ebenso unseriös wie unrealistisch. Generell sollte man auch die eigenen Möglichkeiten eher kritisch bewerten: Mit welchen Problemlösungsstrategien kenne ich mich wirklich aus, welche habe ich selbst erprobt und vielleicht verworfen, wie weit reicht meine persönliche Erfahrung als Autor und Berater, und wie weit lässt sie sich zum Nutzen Anderer verallgemeinern?

Angebot

Die Strategien zur Lösung von (technischen) Schreibproblemen sind bereits in den vorangegangenen Kapiteln ausführlich dargestellt worden, deshalb beschränken sich die folgenden Vorschläge in diesem Punkt weitgehend auf gezielte Verweise auf die entsprechenden Abschnitte. Hinzu kommen Tipps zum Projekt- und Zeitmanagement sowie Anmerkungen zur Entstehung und Überwindung von Schreibkrisen und Motivationsproblemen. Das weite Feld der kreativen Verfahren und Experimente in Einzelsitzungen oder Schreibgruppen wird denjenigen Kolleg(inn)en überlassen, die mit solchen Methoden auch tatsächlich in der Praxis gearbeitet und Erfahrungen gesammelt haben (vgl. Kruse 1993, Pyerin 2001 und Keseling 2004).

2 Projekte planen und Arbeitsabläufe organisieren

Fristverlängerung?

Immer dann, wenn Abgabetermine nahen, oft sogar erst am letzten Tag der Frist, erhalten Lehrende zahlreiche E-Mails oder Sprechstundenbesuche von Studierenden, die alle dasselbe Anliegen haben: die Bitte um eine Verlängerung. Die Gründe sind vielfältig (andere Hausarbeiten mussten zuerst geschrieben werden, ein Praktikum oder Nebenjob nahmen die meiste Zeit in Anspruch, die im Seminar besprochenen Texte waren alle ausgeliehen oder vorgemerkt etc.), haben aber meist eines gemeinsam: Das Nichteinhalten des Abgabetermins war bereits seit längerem abzusehen und hätte durch eine bessere, langfristige Planung vermieden werden können.

Projektmanagement!

Das ist leichter gesagt als getan. Nicht nur vielen Studierenden, sondern auch professionellen Autorinnen und Autoren bereitet es große Schwierigkeiten, ihre Arbeitweise und die für ein bestimmtes Projekt benötigte Zeit realistisch einzuschätzen. Das ist nicht verwunderlich, denn effektives Zeit- und Projektmanagement erfordert eine Kombination wichtiger Schlüsselqualifikationen: Zuverlässigkeit, Selbstreflexion und Selbstevaluation, effizientes Arbeiten, Stressbewältigung und Kommunikation. Wenn man selbst von Natur aus kein Organisationstalent ist, muss man das Planen und Durchführen von Projekten nach strikten Zeitvorgaben daher üben. Spätestens in der Examensphase ist eine zuverlässige und vorausschauende Arbeitsplanung unerlässlich, wenn die zahlreichen unterschiedlichen Anforderungen (Suche nach Prüfungsthemen, Abschlussarbeit, Prüfungsvorbereitung, Klausuren und Prüfungen, Bewerbungen) mit sehr gutem Erfolg parallel bewältigt werden sollen.

Projekte

Prinzipiell lassen sich alle Aktivitäten im Studium als Projekte konzipieren, die mit einem klaren Ziel in einem bestimmten zeitlichen Rahmen zum Abschluss gebracht werden müssen. Dazu zählen das Zusammenstellen des Stundenplans für ein Semester, die Vor- und Nachbereitung von Seminaren, mündliche Referate und Vorträge, schriftliche Hausarbeiten jeder Art, studienbegleitende Praktika sowie die Organisation der Examensphase, die sich über mehrere Monate, z. T. auch ein ganzes Jahr erstreckt. Da es in diesem Band um wissenschaftliches bzw. akademisches Schreiben geht, beschränkt sich die folgende exemplarische Darstellung auf ein konkretes Projekt: die **Planung und termingerechte Fertigstellung einer Seminar- oder Abschlussarbeit**.

TIPP

Eine Fülle weiterer Projekte und Beispiele für Strategien, die man für erfolgreiches Zeit- und Projektmanagement beherrschen sollte, bieten Echterhoff/Neumann (2006).

Pläne

Die meisten Menschen machen irgendwelche Pläne, und Studierende sind hier keine Ausnahme – schon deshalb, weil das Pläneschmieden eine willkommene Abwechslung von der harten Lern- oder Schreibarbeit darstellt. Ein typischer Arbeitsplan enthält die zu erledigenden Tätigkeiten und die dafür veranschlagte Zeit:

Arbeitsschritt	Veranschlagte Zeit	[Benötigte Zeit]
Themensuche		
Recherche		
Gliedern		
Schreibphase		
Überarbeitungsphase		
Endredaktion		
Abgabetermin		

Abb. 6.1: Einfacher Arbeits- und Zeitplan

Drei Probleme

Das Kopieren und Ausfüllen dieses Arbeitsplans dauert etwa fünf Minuten. Ausgehend vom Abgabetermin wird die zur Verfügung stehende Zeit in Blöcke unterteilt und den zu erledigenden Tätigkeiten zugeordnet. Die eigentliche Planungsarbeit ist allerdings mit einem solchen Plan noch nicht geleistet, und deshalb funktioniert er auch nur, wenn man sich und seine Arbeitsweise bereits sehr gut einschätzen kann. Ansonsten aber droht er aus drei Gründen zu scheitern:

1. Mangelnde **Erfahrung:** Bei der ersten Erstellung eines solchen Arbeitsplans kann man noch gar nicht wissen, wie viel Zeit für die einzelnen Schritte zu veranschlagen ist. Die Praxis: Man trägt die Zeit ein, die man zu benötigen *hofft*, weil die Arbeit dann rechtzeitig fertig wird. Die Konsequenz: Solche Arbeitspläne funktionieren nie!
2. Mangelnde **Komplexität:** Der Arbeitsplan in Abb. 6.1 wirkt übersichtlich und klar. Wenn man sich allerdings die fünf Phasen des Schreibprozesses in Erinnerung ruft (Abb. 5.1), wird schnell deutlich, dass er die zahlreichen Überlappungen zwischen unterschiedlichen Arbeitsschritten nicht berücksichtigt. Die Praxis: Die einzelnen Arbeitsschritte dauern viel länger als geplant, weil man mehr Aufgaben zu erledigen hat als vorgesehen. Die Konsequenz: Die Zeitvorgaben lassen sich beim besten Willen nicht einhalten.
3. Mangelnde **Motivation:** Ein Mangel an Erfahrung und die zu große Komplexität des Projekts sind nur zwei Ursachen für das Scheitern von Arbeitsplänen. Natürlich gibt es noch zahlreiche weitere Hindernisse, etwa nicht eingeplante Zusatztätigkeiten während der Projektphase oder das Auftreten unvorhergesehener Schwierigkeiten. Die Praxis: Wenn man den im Arbeitsplan vorgesehenen Zwischenzielen einmal hinterherhinkt, sinkt die Motivation, sich noch daran zu orientieren. Die Konsequenz: Der Arbeitsplan wird aufgegeben.

Besser planen

Vermutlich wird der oben vorgestellte Arbeitsplan alleine also nicht für ein erfolgreiches Projektmanagement, hier die Planung und termingerechte Erstellung einer Seminararbeit, ausreichen. Welche zusätzlichen Aspekte und Schritte sind zu berücksichtigen, und wie müsste ein Erfolg versprechender Plan aussehen? Einige Antworten auf diese Fragen ergeben sich aus dem Vergleich mit den Erfordernissen des Projektmanagements im Studium mit dem professionellen Projektmanagement.

Betriebswirtschaftliches Projektmanagement

MS Project, eine weit verbreitete Software für betriebswirtschaftliches Projektmanagement, unterteilt ein Projekt in drei Schritte:

1. das **Erstellen eines Projektplans** (Projekt definieren, Projektaktivitäten planen, Ressourcen planen und beschaffen, Projektkosten planen, Aktionspläne für Qualität, Risiken, Kommunikation und Sicherheit, Projektplan optimieren, Projektplan verteilen),
2. das **Überwachen und Verwalten des Projekts** (Fortschritt überwachen, Terminplan, Ressourcen, Kosten, Leistungsumfang und Risiken verwalten, Projektstatus berichten) und
3. das **Abschließen des Projekts** (Fehleranalyse, Veröffentlichung der Projektergebnisse).

Projektmanagement im Studium

Zwei Unterschiede zum Projektmanagement im Studium fallen sofort ins Auge: Zum einen sind in Firmen in der Regel mehrere Mitarbeiterinnen und Mitarbeiter an einem Projekt beteiligt, während Sie im Projekt ‚Seminar- bzw. Abschlussarbeit' alleine und damit Chef(in) und Mitarbeiter(in) in Personalunion sind. Zentrale Aufgaben wie der Aufbau und die Koordination eines Projektteams entfallen daher. Zum anderen geht es in Wirtschaftsunternehmen darum, mit Projekten finanzielle Gewinne zu erzielen. Aus diesem Grund wird neben dem Arbeits- und Terminplan dort der Akquise und Verwaltung von Ressourcen, der Kostenüberwachung und dem Budget besondere Aufmerksamkeit gewidmet. Diese Aspekte spielen in Ihrem Projekt in der Regel keine Rolle (die Notwendigkeit der Erstellung und Überwachung eines Kostenplans entfällt damit), und Ihre Arbeitsauslastung müssen Sie bestimmt nicht kontrollieren.

Potential

Dennoch lassen sich aus dem betriebswirtschaftlichen Projektmanagement zahlreiche Anregungen für die Verbesserung der Abläufe und die effizientere Gestaltung des Arbeits- und Zeitplans von Studierenden gewinnen (vgl. Abb. 6.2). Übertragbare Elemente sind die Unterscheidung von Projektphasen und ihre Unterteilung in Vorgänge, deren Ziele (sog. ‚Meilensteine') terminiert werden. Darin unterscheidet sich der Projektplan noch nicht wesentlich vom Arbeits- und Zeitplan (Abb. 6.1). Neu ist hingegen, dass mögliche Risiken von Beginn an ebenso in die Planung einbezogen werden wie die jeweils erwünschten Reaktionen. Auf diese Weise werden alternative Wege von vornherein vorgegeben und an bestimmte Termine bzw. Kriterien (Erreichen der Meilensteine) gekoppelt, so dass die Reaktionszeit verkürzt und unnötiger Leerlauf, späterer Stress oder gar die Gefährdung des Projektziels vermieden werden. Durch den Einbau von Instrumenten zur Qualitätssicherung in den Projektplan wird zudem gewährleistet, dass Schwächen und Mängel rechtzeitig erkannt und behoben werden können.

Phasen	Vorgänge	Meilensteine	Termin – projektiert – tatsächlich	Risiken und Reaktion	Qualitätssicherung
Themenfindung	Seminarunterlagen aufbereiten; Themenvorschläge von Dozent/in prüfen; Ideen sammeln; kreative Verfahren einsetzen	Vorschläge (Liste mit Arbeitstitel); Thema von Dozent/in ‚abgesegnet'		Keine bzw. zu viele Ideen für Themen: Rücksprache mit Dozent/in	Rücksprache mit Dozent/in; Abgleich mit Checkliste (Kap. 5.2.3)

Phasen	Vorgänge	Meilensteine	Termin – projektiert – tatsächlich	Risiken und Reaktion	Qualitäts-sicherung
Literatur-recherche, -beschaffung und -aus-wertung	Suche in Datenbanken; Bibliographien einschlägiger Sekundärtexte prüfen; Suche im Bibliotheks-bestand; Fernleihen; Anschaffung der wichtigs-ten Literatur; Anfertigung von Kopien; Querlesen; Exzerpte	Genügend Literatur zum Thema gefunden und be-schafft		Nicht genügend Literatur vorhanden: rechtzeitige Vorprüfung! Beratung durch Biblio-thekspersonal; Rück-sprache mit Dozent/in	Abgleich mit Check-liste (Kap. 5.4.4)
Gliederung und Theorie-design	Material sich-ten; Material strukturieren; Arbeitsgliede-rung anferti-gen; Arbeits-gliederung mit Dozent/in besprechen	Theoriede-sign ent-wickelt; Gliederung/ Strukturplan fertig		Konzep-tionelle Probleme, mangelnde Kenntnis der Anforderun-gen: Kap. 4., Kap. 5.3	Abgleich mit Check-liste (Kap. 5.3.3) evtl. Rückspra-che mit Dozent/in
Text-produktion	Textbausteine verfassen; Zita-te einbauen	Seiten- bzw. Wörter- oder Zeichenzahl pro Tag bzw. Woche ent-spricht den Vorgaben		Schreib-blockaden: Kap. 6.1., 6.3, 6.4; evtl. Schreib-beratung aufsuchen; evtl. Bitte um Fristver-längerung	Abgleich mit Check-liste (Kap. 5.5.5)
End-redaktion				Zeitmangel: rechtzeitig einkalkulie-ren (vgl. 5.5)	Abgleich mit Check-liste (Kap. 5.6.3)

Phasen	Vorgänge	Meilensteine	Termin - projektiert - tatsächlich	Risiken und Reaktion	Qualitätssicherung
Formatieren und Präsentieren		Endausdruck fertig		Druckerpatrone leer, Papier aus, keine Heftmappe vorhanden: Material rechtzeitig besorgen	
Projektdokumentation	Literatur archivieren Projekterfahrung dokumentieren	Abschluss			

Abb. 6.2: Projektplan ‚Seminar- bzw. Abschlussarbeit'

Unvorhersehbar oder unvorhergesehen?

Natürlich gibt es Dinge, die sich auch durch die beste Projektplanung nicht vorhersehen bzw. einplanen lassen. Dazu zählen Krankheit, individuelle persönliche Entwicklungen oder die Familiensituation. Daher ist zwischen unvorher*sehbaren* Hindernissen dieser Art und unvorher*gesehenen* Herausforderungen (Schreibblockaden, wichtige Fernleihen kommen nicht rechtzeitig, Sprechstunden fallen aus) zu unterscheiden. Letztere werden in einer professionellen Projektplanung durch den Einbau von Zeitpuffern bei der Terminierung berücksichtigt.

Fristverlängerung

Selbst der beste Projektplan kann natürlich nicht garantieren, dass das Projektziel erreicht wird. Schließlich ist – anders als in Firmen – kein(e) zusätzliche(r) Projektkoordinator(in) im Team, um den geplanten Arbeitsfortgang zu überwachen und gegebenenfalls weitere Mitarbeiter(innen) hinzuzuziehen. Der Plan zeigt Ihnen jedoch *rechtzeitig*, wann nichts mehr hilft außer einer Fristverlängerung, und erhöht zugleich die Wahrscheinlichkeit, dass sie gewährt wird: Je eher Sie die Lehrenden darauf ansprechen, desto besser!

TIPP

Schreibphasen erfordern über einen längeren Zeitraum hinweg hohe Konzentration und eiserne Disziplin. Jetzt ist ein denkbar schlechter Zeitpunkt, um die eigenen Lebensumstände radikal zu ändern: Wenn Sie schon immer aufhören wollten zu rauchen, rauchen Sie bis zum Abgabetermin weiter! Wenn Sie mit Ihrer Beziehung unzufrieden sind, arrangieren Sie sich vorübergehend mit Ihrer Partnerin bzw. Ihrem Partner. Besorgen Sie sich keinen neuen Computer! Beginnen Sie keine Diät! Ziehen Sie nicht um!

3 Technische Schreibprobleme analysieren und lösen

Technische Probleme

Unter technischen Schreibproblemen werden hier konzeptuelle Schwierigkeiten und Defizite bei der Beherrschung von Vertextungsmustern und -strategien verstanden, die während der Phasen der Strukturierung und Gliederung bzw. bei der Textproduktion auftreten. Diese Probleme sind (wie auch die bei der Projektplanung) ein integraler Bestandteil des langjährigen Lernprozesses, der Studierende zum wissenschaftlichen Schreiben befähigen soll (vgl. Abb. 2.2): Dieses Ziel kann nur durch Übung, die Auswertung von Korrekturen und die Überarbeitung zurückgegebener Texte erreicht werden. Schwierigkeiten auf diesem Weg sind völlig normal.

Achtung!

Das heißt aber nicht, dass sich solche Probleme von selbst erledigen. Das Gegenteil ist vielmehr der Fall: Die Überwindung technischer Schreibprobleme erfordert – wie jeder Lernprozess – bewusste und kontinuierliche Anstrengungen und regelmäßige Selbstreflexion. Viele Studierende reichen im Grundstudium einfach irgendwelche schnell geschriebenen Texte ein, die dann (leider!) häufig ohne Anmerkungen zurückgegeben werden. Die Konsequenz ist fatal: Man weiß erstens nicht, was man falsch gemacht hat, denkt aber zweitens, dass das Vorgehen im Prinzip schon richtig war: Beim nächsten Mal wird man es wieder so versuchen.

„Durchwursteln?"

Auf diese Weise lernt man natürlich nichts, man wurstelt sich nur irgendwie durch. Da, wie Abb. 2.2 zeigt, die Anforderungen an die Qualität der Arbeit kontinuierlich steigen, kommt irgendwann der Punkt, an dem die Strategie des „Durchwurstelns" nicht mehr funktioniert. Dies ist bei der Hauptseminararbeit, spätestens aber bei der Abschlussarbeit der Fall: Wer dabei größere technische Probleme hat (und das sind die meisten Studierenden), hat sie in früheren Phasen des Studiums lediglich verdrängt.

Strategie

Wenn „Durchwursteln" und Verdrängen als Strategien versagen, kommen kognitive Strategien zum Einsatz: Problemidentifizierung, Problemanalyse und Ursachenbekämpfung. Bei der Identifizierung des Problems kann die von BRINK (2005, 18) übernommene Liste mit Selbsteinschätzungen Studierender helfen (vgl. Abb. 6.3). Sie basiert auf einer empirischen Untersuchung zu Schreibproblemen an der Albert-Ludwigs-Universität Freiburg unter Studierenden der Volkswirtschaftslehre (die Ergebnisse lassen sich aber sicher auch auf Studierende anderer Fächer übertragen).

Art	Problem	Was tun?
T	Probleme mit dem wissenschaftlichen Stil	Orientierung an den Regeln wissenschaftlicher Sprache (vgl. Kap. 5.5.3)
T	Überfülle an Material und Schwierigkeit, dieses zu organisieren	Eingrenzung des Gegenstandsbereichs überprüfen (vgl. Kap. 5.3.1) und Strukturierungshilfen heranziehen (vgl. Kap. 4.3)

Art	Problem	Was tun?
T	Problem, Fachliteratur zu verstehen und zusammenzufassen	Bauformen wissenschaftlicher Texte helfen beim Verständnis der Argumentation (vgl. Kap. 4.3), unterschiedliche Lesetechniken (vgl. Kap. 4.1.2)
E/M	Enttäuschung über das Resultat der Bemühungen	Ansprüche an Originalität und Qualität der eigenen Arbeit realistisch formulieren, d.h. an den Bewertungskriterien ausrichten (vgl. Kap. 2.3.1)
T	Schwierigkeit, den Einstieg zu finden	Die Produktion von Lückentexten (vgl. Kap. 5.5.4) hilft, die Argumentation vorzustrukturieren, und erleichtert den Einstieg in die Textproduktion.
P	Erfahrung, nicht termingerecht fertig zu werden	Reflexion der eigenen Schreiberfahrungen ist Grundlage verbesserter Projektpläne (vgl. Kap. 6.2)
T	Problem, Fachliteratur in die eigene Arbeit zu integrieren	Unterschiedliche Formen der Einbindung von Zitaten abwechselnd nutzen (vgl. Kap. 5.4.3)
T	Schwierigkeit, genügend Material zu sammeln	Recherchetechniken und verwendete Suchbegriffe überprüfen (vgl. Kap. 4.1)
E/M	Erfahrung, dass ursprüngliche Gliederung verworfen werden musste	Kontinuierliche Veränderungen der Arbeitsgliederung sind während der Strukturierungsphase notwendig und unproblematisch (vgl. Kap. 5.3.1).

T = Technische Probleme E/M = Emotionen, Motivation P = Projektplanung

Abb. 6.3: Auswahl häufig auftretender Schreibprobleme (nach Brink 2005)

Problemanalyse

Der zweite Schritt ist die Problemanalyse. Hier geht es darum, wie oben dargelegt, zwischen Symptomen und Ursachen zu unterscheiden. In Abb. 6.3 wird dieser Vorgang durch eine Zuordnung zu den drei Problembereichen Projektplanung (P), technische Probleme (T) und Emotionen/Motivation (EM) angedeutet. In der Regel fällt die Unterscheidung von Symptomen und Ursachen aber gerade dann sehr schwer, wenn man in einer Schreibkrise steckt. In diesem Stadium sollten sich Studierende daher von den Lehrenden beraten lassen oder eine(n) Schreibberater(in) konsultieren.

Ursachenbekämpfung

Es wäre unseriös, an diesem Punkt ein Patentrezept vorschlagen zu wollen. Als dritten Schritt kann ein Buch – jedenfalls *dieses* Buch – nur die Lektüre der Kapitel anbieten, die sich mit den spezifischen Anforderungen der einzelnen Textsorten (Kap. 3), den Argumentationsmustern wissenschaftlicher Texte (Kap. 4) und den Phasen des Schreibprozesses (Kap. 5) beschäftigen. Genauere Zuordnungen finden Sie in Abb. 6.3 (rechte Spalte). Zugleich ist nochmals darauf hinzuweisen, dass Schreiben Praxis ist, die sich zwar theoretisch reflektieren, jedoch nur durch aktive Schreibhandlungen üben und verbessern lässt. Was man schreibt, ist dabei weniger wichtig als *dass* man schreibt – regelmäßig, am besten täglich.

Journal

Damit man tatsächlich täglich schreibt, muss eine Schreibroutine etabliert werden, die einen variablen Arbeitsaufwand mit sich bringt und daher auch in Stresszeiten beibehalten werden kann. Es bietet sich deshalb an, ein wissenschaftliches Tagebuch zu führen, wie es PYERIN (2001) u. a. empfehlen. Mit seiner Hilfe kann man Ideen und Beobachtungen archivieren. Neben der Archivfunktion erfüllt ein Journal auch eine Entlastungsfunktion: Es befreit Sie von den Gedanken, die Ihnen im Kopf herumgehen und Ihre Konzentration stören. Schreiben Sie sie auf und vergessen Sie sie gleich wieder, in dem sicheren Wissen, sie jederzeit reaktivieren zu können.

Selbstevaluation

Empfehlenswert ist auch, nach dem Abschluss eines Schreibprojekts in einer kurzen Selbstevaluation Erfolge und Misserfolge zu bewerten: Entspricht die fertige Arbeit den ursprünglichen Vorstellungen und Erwartungen? Schließlich scheitern Arbeitspläne häufig daran, dass die erhoffte Terminierung nicht auf Erfahrungswerten beruht, sondern eher Wunschträume widerspiegelt. Die Selbstevaluation im Schreibjournal dient also dazu, die Erfahrungen während eines Projekts in Empfehlungen umzuwandeln:

- Innerhalb welcher Fristen wurden die Meilensteine tatsächlich erreicht?
- In welchen Stadien des Schreibprozesses sind (unerwartete) Probleme aufgetreten?
- Wurden alle aufgetretenen Risiken im Reaktionsplan berücksichtigt?
- War genug Zeit für die Qualitätssicherung?
- War der Projektplan detailliert genug?

Beim nächsten Projektplan können die Ergebnisse berücksichtigt werden.

Gedächtnisstütze

In der Selbstevaluation können auch die emotionalen Erfahrungen während des Schreibens festgehalten werden. Da das menschliche Gedächtnis dazu tendiert, unangenehme Erinnerungen im Nachhinein zu beschönigen oder auszublenden, kann es nicht schaden, sich die durchlittenen Qualen und den Vorsatz, es anders (besser) zu machen, künftig vorab in Erinnerung zu rufen. Das gilt natürlich ebenso für alle Erfolgserlebnisse, die sich beim Schreiben auch einstellen und mit zunehmender Erfahrung immer häufiger werden – aber die werden Sie ohnehin nicht vergessen!

4 Emotionen, Motivation und Inspiration: Begleiterscheinungen des Schreibens

Begeisterung!

Sicher kennen Sie das Gefühl: Sie kommen begeistert aus der Sprechstunde, denn Sie haben gerade ein Thema abgesprochen, das Sie wirklich interessiert. Endlich ist der Moment gekommen, auf den Sie im Studium die ganze Zeit gewartet haben: Einmal als Erste(r) wissenschaftliches Neuland betreten, neue Bereiche erschließen, spannende Erkenntnisse gewinnen. Alle, denen Sie in den nächsten Tagen davon erzählen, sind begeistert (denn Begeisterung wirkt ansteckend). Nachdem Sie die Vorfreude eine Weile lang genossen haben, stürzen Sie sich dann in die Arbeit und machen sich an die Recherche. Nach kurzer Zeit verfliegt die Euphorie, auf die Ernüchterung folgt Frustration und schließlich würden Sie am liebsten das Thema zurückgeben.

Viel zu viel!

Denn: Es gibt seit ARISTOTELES niemanden, der noch nichts zu Ihrem Thema gesagt hat. PLATO, HEGEL und KANT sind natürlich auch dabei. In den letzten Jahren sind bereits über fünfzig Monographien und zwanzig Sammelbände zu einschlägigen Kongressen erschienen (Wenn Ihr Thema mit aktuellen interdisziplinären Konzepten wie ‚Identität', ‚Erinnerung' oder ‚Kommunikation' zu tun hat, kann das durchaus passieren.). Womöglich fällt Ihnen erst jetzt auf, dass auch Ihr(e) Dozent(in) seit Jahren Forschungsbeiträge zu diesem Thema veröffentlicht (daher auch sein/ihr Interesse an der Sache). Wenn er/sie Ihnen dann auch noch einige Fachzeitschriften empfiehlt, deren letzte Jahrgänge Sie unbedingt auswerten sollten, wird die Frustration zur Verzweiflung: Wie sollen Sie sich jemals durch diesen Berg an Forschungsliteratur hindurchwühlen und dann womöglich auch noch irgendetwas halbwegs Originelles verfassen?

Realistische Ziele

Diesem Gefühl der Überforderung kann man nur einen gesunden Pragmatismus entgegensetzen: Formulieren Sie realistische Ziele! Sie streben nicht den Nobelpreis an, sondern wollen eine Seminararbeit schreiben, um den Leistungsnachweis zu erhalten. Dafür werden keine bahnbrechenden Forschungsergebnisse erwartet, sondern ein schriftlicher Nachweis, der dokumentieren soll, dass Sie

1. die Techniken wissenschaftlichen Arbeitens beherrschen und die Regeln des wissenschaftlichen Diskurses kennen,
2. in der Lage sind, sich in einen Teilbereich Ihres Faches eigenständig einzuarbeiten, und
3. die verfügbare Zeit effizient einteilen und die Arbeit termingerecht einreichen können.

Emotionen

Natürlich fühlt man sich nicht nur während der Themenfindung überfordert oder sieht sich emotionalem Druck ausgesetzt. Trotz der wissenschaftlichen Verpflichtung zur Objektivität ist Schreiben immer auch Gefühlssache. Gefühle zu unterschiedlichsten Dingen und Personen melden sich mit großer Regelmäßigkeit gerade in schwierigen Phasen immer wieder zu Wort, um den Schreibprozess zu behindern oder gar zum Erliegen zu bringen. Natürlich gibt es auch positive Gefühle wie Stolz, etwas geschafft zu haben, Zufriedenheit mit der eigenen Arbeit oder einfach nur Spaß am Studium, doch in Schreibkrisen dominieren ambivalente oder gar negative Gefühle

- zum Studienfach: Häufig hadert man während Schreibkrisen mit der Studienfachwahl, spielt mit dem Gedanken an einen Studienfachwechsel oder zieht sogar einen Abbruch des Studiums in Erwägung.
- zur Person, die die Arbeit beurteilen wird: Ist er/sie ein sympathischer Mensch, dem man es unbedingt recht machen will, ein(e) Choleriker(in) oder Zyniker(in), vor dem/der man sich fürchtet, ein(e) Pedant(in), dessen/deren Gründlichkeit nervt, ein(e) Chaot(in), der/die selbst nicht strukturiert ist und deshalb keine klaren Anweisungen geben kann, oder ein Vorbild, dem man nacheifern möchte?
- zum Thema: Ist es selbst gewählt oder ‚aufgedrückt', interessant oder völlig unattraktiv?
- zur Arbeitsbelastung: Habe ich mich übernommen oder komme ich mit dem selbst auferlegten Pensum zurecht?
- zur Arbeitsumgebung: Trockene Luft und grelles Licht in der Bibliothek, ständig überfüllte Computerarbeitsräume oder Lärm und Enge im Studentenwohnheim fördern nicht gerade Motivation und Inspiration.
- zum Handwerkszeug: Der Computer, der ständig abstürzt, der schmierende Drucker und der unbequeme Schreibtischstuhl können regelrechte Wutanfälle hervorrufen.

Biographie

Daneben spielen noch biographische Aspekte eine Rolle: Welche Gefühle verbindet man mit dem eventuellen Scheitern bzw. Erreichen des Seminar- oder gar Studienziels? Welche Bedeutung wird der eigenen Arbeit in der Beziehung oder der Familie von Partnern, Eltern und Verwandten zugewiesen? Last, not least: Ist es draußen verregnet und ungemütlich (positives Gefühl!), oder scheint die Sonne, während ein leichter Wind den Lärm vom nahen Freibad herüber trägt, aus dem immer wieder Freunde anrufen (ein Horrorszenario, wenn man selbst am PC sitzt)?

Stress

Man sollte solche Emotionen unbedingt ernst nehmen, denn „Gefühle stören den Prozess des wissenschaftlichen Schreibens nur dann, wenn wir sie ignorieren" (Pyerin 2001: 20). Wenn es mit dem Schreiben nicht vorangeht, sollten man sich zunächst einmal darüber klar werden, ob bzw. welche Gefühle als Ursache in Frage kommen. So kann der konstruktive Druck, der durch den Arbeitsplan aufgebaut wird, in das Gegenteil (Stress) umschlagen, wenn die Fristen zu knapp gesetzt sind. Wenn das Freibad lockt, während man selbst am Schreibtisch schwitzt, sollte man vielleicht einfach das Vergnügen vorziehen und die Arbeitszeit auf die Abendstunden verlegen. Falls die Eltern zusätzlichen Druck erzeugen, hilft nur ein klärendes Gespräch (bei dem vielleicht auch noch ein neuer Drucker ‚rausspringt').

Motivation

Das Gegenteil von kontraproduktivem Stress ist Motivation. Die Psychologie unterscheidet zwischen intrinsischer (von innen kommender) und extrinsischer Motivation. Ersteres wäre beim Schreiben etwa das Interesse am Thema, während letzteres eine materielle Belohnung für die erfolgreiche Einhaltung der Abgabefrist sein kann. Fachliches Interesse ist natürlich der bessere Motivator, doch die Energie, die sich daraus gewinnen lässt, dürften Sie schon aufgebraucht haben, wenn Sie diesen Abschnitt mitten in einer Schreibkrise lesen. Versuchen Sie es also ruhig mit Leistungsanreizen (betriebswirtschaftlich formuliert hört sich das gleich weniger schlimm an): Kaufen Sie sich etwas Schönes, machen Sie ein paar Tage Pause oder laden Sie Ihre Freunde am Abend des Abgabetermins zu einer Party ein (die können dann die letzten Teile redigieren, falls Sie wirklich knapp dran sind und den Text noch vor Mitternacht mailen wollen, um die Frist zu wahren). Im Ernst: Die Aussicht auf Belohnung zählt zu den effektivsten Strategien überhaupt.

Ich muss ...

Falls Sie sich schon allzu häufig belohnt haben, ohne die entsprechende Gegenleistung (fertige Hausarbeit) geliefert zu haben, stellen Sie sich doch einmal ein paar grundlegende Fragen: Warum schreiben Sie eigentlich im Studium? Warum verfassen Sie Hausarbeiten, Referate, Essays und zu guter Letzt auch noch eine Magisterarbeit? Weil der Dozent, die Professorin es verlangen? Wenn Sie sich lediglich als Produzenten und Lieferanten einer ungeliebten Ware verstehen, ist die Chance groß, dass Ihre Texte auch eben dieses Bild von Ihnen transportieren: Ich schreibe, weil ich muss. Texte von Studierenden, die schreiben, weil sie schreiben müssen, sind uninspiriert, langweilig und – weil leider viele so denken – bestenfalls durchschnittlich. Überdurchschnittliche Leistungen beginnen im Kopf: Überdenken Sie also einmal Ihre Einstellung zum Schreiben!

Ich will!

Die Alternative heißt: Ich will! Sie können auch schreiben, weil Ihr Text Ihnen die Möglichkeit gibt, Ihre Gedanken zu einem (nach Möglichkeit selbst gewählten) Thema zu ordnen und zu formulieren, weil Sie das Abgeben schriftlicher Arbeiten als eine gute Gelegenheit schätzen, auch im Massenbetrieb der heutigen Universitäten Ihre Professor(inn)en von Ihren Fähigkeiten zu überzeugen, oder ganz einfach deshalb, weil Sie sich und Ihre Arbeit als Studierende(r) ernst nehmen. Schließlich haben Sie die Schulpflicht hinter sich und könnten jederzeit die Universität verlassen.

Inspiration

Natürlich reicht auch der Wille allein nicht aus. Die meisten Ratgeber für wissenschaftliches Schreiben betonen, dass das traditionelle Bild vom einsamen, auf Inspiration wartenden Autor nicht der Realität entspricht. Tut es aber doch. Schreiben ist ein einsames Geschäft, das ohne Inspiration (was auch immer das genau ist) zur Qual werden kann. Einen Fehler sollte man allerdings vermeiden: Das Warten *inspiriert* nicht, es *frustriert*. Sie müssen etwas *tun*! Der Rest dieses Kapitels gibt zwei in der Praxis bewährte Tipps zur Förderung von Inspiration und Motivation: Medienwechsel und Kommunikation.

Reden ist Silber

Wenn Ihnen das Schreiben generell schwer fällt und Sie sich auch durch Belohnungen nicht aus der Schreibblockade befreien können, dann wechseln Sie doch einfach einmal das Medium und *reden* Sie über Ihre Arbeit! Erklären Sie sich selbst und anderen (am besten geeignet: wohlmeinende

Freunde, die keine Ahnung von Ihrem Fach haben), worum es in Ihrer Arbeit gehen soll. Dabei werden Sie schnell feststellen, dass man viel mehr weiß, als man denkt, und dass die Gedanken mündlich vorgetragen wesentlich schlüssiger wirken als schriftliche Notizen und Vorarbeiten. Falls das bei Ihnen der Fall ist, investieren Sie einfach ein paar Euro in ein billiges Diktiergerät und sprechen Sie Ihre Arbeit auf Band.

Netzwerk

Falls auch das nicht funktioniert, können Sie sich eine(n) Ansprechpartner(in) suchen, der/die, anders als ein Diktiergerät, ermunterndes und konstruktives Feedback geben kann. Freunde, Verwandte oder WG-Nachbarn können aufmunternd wirken, doch konstruktive Kritik kommt nur von Kommiliton(inn)en, die sich auch inhaltlich mit Ihrer Argumentation auseinandersetzen können und die die Schreibanforderungen kennen. Es ist daher unbedingt zu empfehlen, bereits im Grundstudium mit Gleichgesinnten ein Netzwerk zu etablieren, in dem man gemeinsam die jeweiligen Schreibprojekte diskutieren und Studienphasen planen kann.

Konstruktive Kritik

Vereinbaren Sie zuvor Kommunikationsregeln, an die sich alle halten sollen. Denn das kritische Kommentieren ist alles andere als einfach. Es erfordert – wie das Schreiben – ein kontinuierliches Lesen und Diskutieren fremder wie auch eigener Arbeiten sowie die Bereitschaft und Fähigkeit zur konstruktiven Kritik. Typische Fehler sind

- zu viel negatives, zu wenig positives Feedback, mit der Folge, dass die Schreibenden noch mehr entmutigt werden;
- Mangel an konstruktiven Vorschlägen (selbst wenn Ihr Gegenüber Ihrem Vorschlag, wesentliche Teile der Arbeit komplett zu streichen und neu zu schreiben, inhaltlich folgen kann, ist es besser, zunächst über weniger drastische und arbeitsintensive Alternativen zu diskutieren);
- übermäßige Projektion eigener Erkenntnisinteressen auf den fremden Text („Also: *Ich* würde das *ganz* anders machen…“); und
- mangelnde Aufrichtigkeit, weil man das Gegenüber zwar nicht entmutigen will, aber auch keine konstruktiven Alternativen anbieten kann.

Das beste Forum für konstruktive Kritik ist natürlich ein Kolloquium für Examenskandidat(inn)en, das viele Lehrende anbieten.

Zuhören

Ebenso schwer wie das Aussprechen konstruktiver Kritik fällt es den meisten Schreibenden (und das betrifft, wie auch das konstruktive Kritisieren, nicht nur Studierende!), mit den Rückmeldungen Anderer produktiv umzugehen. Gehen Sie nicht sofort in Verteidigungshaltung, sondern hören Sie sich zuerst einmal in Ruhe an, was Ihre Kritiker(innen) zu sagen haben. Schließlich haben diese sich viel Mühe bei der Korrektur gegeben und erwarten jetzt ihrerseits die Anerkennung und Würdigung ihrer Bemühungen. Diskutieren Sie nicht über jeden Kommafehler, sondern konzentrieren Sie sich auf die strittigen inhaltlichen Punkte. Zu Hause gehen Sie die Anmerkungen und Verbesserungsvorschläge Schritt für Schritt alleine durch, denn Sie entscheiden letztendlich alleine, welche Ratschläge Sie annehmen wollen.

Was nichts kostet ...

Die beste Arbeitsgruppe und das konstruktivste Kolloquium ändern nichts daran, dass Sie irgendwann wieder am Schreibtisch sitzen werden, alleine, mit dem Projektplan, Stapeln von konstruktiven Vorschlägen, diesem Buch und zahlreichen guten Vorsätzen, den Abgabetermin vor Augen und die „Angst vor dem leeren Blatt“ (KRUSE 1993) im Nacken. Jetzt geht's los. Was schon Millionen anderer Studierender vor Ihnen geschafft haben, wird Ihnen sicher auch gelingen. Einfach wird es nicht, denn vor den Erfolg haben die Götter den Schweiß gesetzt, aber: Was nichts kostet, taugt nichts!

„*All writing is poiesis: 'making' – and the more things you make, the better maker you become.*" (Aczel 2004: 8)

1 Schreibkompetenz beruflich nutzen

Motivation

In der Einleitung zu diesem Band wurde der enge Zusammenhang zwischen Schreibkompetenz und Studienerfolg erläutert. Die Tatsache, dass schriftliche Arbeiten eine wesentliche Rolle bei der Bewertung und damit bei der Festsetzung der Noten in Lehrveranstaltungen, Modulabschlussprüfungen und Examina spielen, ist Grund genug, sich intensiv mit dem akademischen Schreiben auseinanderzusetzen. Hat man aber einmal damit begonnen, systematisch an der Verbesserung der eigenen Schreibkompetenz zu arbeiten, ist der nächste Schritt häufig nur noch eine Frage der Zeit: die Überlegung, das Schreiben zum Beruf zu machen.

Was kommt nach dem Studium?

Die neuen BA-Studiengänge ermöglichen hinsichtlich der Berufswahl größere Flexibilität, denn sie verlagern (zumindest in einigen Bundesländern bzw. an einigen Universitäten) die Entscheidung für oder gegen einen zum Schulunterricht befähigenden Master-Abschluss auf die zweite Studienphase. Man muss also nicht mehr – wie bisher – schon im ersten Semester festlegen, ob man Lehrer(in) werden möchte oder nicht. Natürlich konnte man auch bislang noch nach Studienbeginn in einen Magisterstudiengang wechseln (und umgekehrt) oder nach dem ersten Staatsexamen einfach etwas anderes machen, doch allein durch die Notwendigkeit einer anfänglichen Wahl war für viele der Weg schon vorbestimmt. In Zukunft wird man sich die Entscheidung länger offen lassen können, ob man Alternativen zum Schuldienst in Betracht zieht, und, wenn ja, welche. Voraussetzung für eine sinnvolle Entscheidung ist aber, dass man so genau wie möglich weiß, was einen erwartet.

Kompetenzen

Klare Entscheidungskriterien sind wichtig, denn gerade in den Geistes- und Kulturwissenschaften sind die in Frage kommenden Berufsfelder sehr zahlreich und vielfältig. Zudem sind den meisten Studierenden die eigenen Vorlieben gerade zu Beginn des Studiums noch recht unklar. Hinter Aussagen wie „Mich interessiert das Verlagswesen" oder „Ich will in die Medien" verbirgt sich meistens eine völlige Unkenntnis der betreffenden Branchen. Dieses Kapitel kann natürlich keine Berufsberatung ersetzen. Aber es gibt Unentschlossenen einen Rat: Gehen Sie bei der Karriereplanung zunächst von Ihren individuellen Interessen und Kernkompetenzen (über die Sie bereits verfügen oder die Sie während des Studiums noch entwickeln wollen) aus. Wenn Sie wissen, welche Tätigkeiten Sie gerne ausüben bzw. welche Kernkompetenzen Sie in der Qualifizierungsphase anstreben, können Sie gezielt überlegen, in welchem Berufsfeld Sie sich engagieren wollen. Dieses Kapitel zeigt Ihnen, in welchen Kontexten und unter welchen Bedingungen sich Schreibkompetenz beruflich nutzen lässt.

Beruf(ung)

Dabei geht es nicht um Schreiben als Berufung oder als Weg zur künstlerischen Selbstverwirklichung, sondern um die Frage, wie bzw. in welchen Bereichen man als Autor(in) Geld verdienen kann, um die Miete oder zumindest den Strom oder die Brötchen zu bezahlen. Es geht auch nicht darum, wie man einen Bestseller schreibt (die Antworten auf diese Frage kann man getrost den zahlreichen Schreibratgebern für Literaturbegeisterte überlassen). Im Mittelpunkt dieses letzten Kapitels stehen vielmehr die Anforderungen, die an professionelle Autor(inn)en gestellt werden, sowie die Kernkompetenzen, die sich jede(r) aneignen sollte, der/die von akademischen zu außeruniversitären Textsorten übergehen und das Schreiben zum Beruf machen möchte.

2 Schreiben für Geld

1 Berufliche Optionen für Autor(inn)en

Schreiben in Firmen

Es ist ja eigentlich klar, dass in Firmen viel geschrieben wird. Die üblichen Textsorten reichen von der internen Kommunikation (E-Mail, Memos, Protokolle) und externe Korrespondenz über Angebote, Gutachten, Anträge und Ausschreibungen bis hin zu Pressemitteilungen und Inhalten für Webseiten. Selbstverständlich hilft es daher in unterschiedlichsten beruflichen Kontexten, im Studium Textsortenbewusstsein und Schreibkompetenz erworben zu haben: Wer mit geübtem Blick schnell erkennen kann, welche Art von Aufbau, Struktur oder Stil erwartet wird, hat sicher einen Vorteil. In den wenigsten Fällen wird aber Personal nur zum Schreiben eingestellt. Normalerweise zählt das Schreiben – wie im Studium – zu den Kernkompetenzen, die das professionelle Profil ergänzen.

Schreibfirmen

Natürlich gibt es Ausnahmen, also Autor(inn)en, die ausschließlich angestellt werden, um Texte zu verfassen. So können sich große Softwarehersteller eigenes Personal zur Erstellung von Dokumentationen oder Bedienungsanleitungen leisten, und manche große Firmen beschäftigen auch Mitarbeiter(innen) für die hausinternen Mitteilungen und Firmenzeitungen. In der Regel werden aber hauptsächlich in denjenigen Firmen Autor(inn)en angestellt, die selbst als Schreibfirmen textorientierte Dienstleistungen erbringen. Das können ganz außergewöhnliche Geschäftsideen sein, wie das Schreiben von Liebesbriefen, Familiengeschichten oder Reden für private und berufliche Anlässe, aber auch größere Werbeagenturen und natürlich Zeitschriftenredaktionen.

Schreiben für Firmen

Häufiger als das Schreiben *in* Firmen ist aber das Schreiben *für* Firmen – als freiberufliche(r) Autor(in). Die sog. Freien sind Dienstleister, die ihre Textkompetenz projektgebunden anderen zur Verfügung stellen. Sie arbeiten beispielsweise für Zeitungs- und Rundfunkredaktionen, schreiben Gags und Sketche für Kabarettprogramme oder Messe-Shows, verfassen Drehbücher oder Sachbücher und entwickeln Werbetexte.

Mit Texten arbeiten

Das Schreiben als freie(r) Autor(in) ist allerdings nicht die einzige textorientierte Tätigkeit, mit der sich Geld verdienen lässt: Mit Texten arbeiten auch professionelle Korrekturleser(innen) in Lektoraten. Das Auswählen von Manuskripten, die für eine Publikation in Frage kommen, das Redigieren von (bereits durch die Autoren vorkorrigierten) Texten als komplexer und notwendiger letzter Schritt hin zur Fertigstellung der Druckfassung, dramaturgische Bearbeitungen von Texten oder das Anpassen von Texten an die gewünschte Publikations- oder Verwendungsform (z. B. die Zusammenstellung von Inhalten für Webseiten aus gedruckten Selbstdarstellungen von Firmen) sind nur einige der beruflichen Tätigkeiten, die überwiegend oder ausschließlich mit Texten zu tun haben.

Welt der Texte

Nicht alle diese Berufe haben feststehende Namen (gerade im freiberuflichen Bereich gibt es viele unterschiedliche Möglichkeiten, die eigenen Leistungen zu vermarkten), kaum einer wird über einen festen Ausbildungsweg erreicht und nicht von allen kann man zu Beginn der Karriere (oder überhaupt jemals) gut leben. Die Welt der Texte ist ein Tummelplatz für Improvisationskünstler, Multitalente und Quereinsteiger, die neben einer gehörigen Portion Hartnäckigkeit, Durchhaltevermögen, Einfallsreichtum, Kreativität und Selbstvertrauen sowie einer Vision von der persönlichen beruflichen Zukunft eine ganze Reihe von spezifischen Kenntnissen, aber auch Kernkompetenzen benötigen. Welche dies sind, wird in den beiden folgenden Kapiteln erläutert.

2 Anforderungsprofile und Ausbildungswege

Anforderungen

Schreibkompetenz allein reicht im Studium nicht aus, um gute Noten zu erreichen: Wer nichts weiß, kann auch keinen ordentlichen Text verfassen. Fundierte fachliche Kenntnisse (der Stoff für die Klausur, die im Seminar vermittelten Methoden oder – bei der Abschlussarbeit – zentrale Ansätze und Theorien des gewählten Teilgebiets) sind Voraussetzung für eine (sehr) gute Bewertung. Das ist eigentlich eine Binsenweisheit. Dennoch fällt Vielen der Transfer zur Berufswelt schwer: Für Werbung und Fernsehen wollen viele schreiben, doch mit der Frage, was man dafür wissen muss, setzen sich die wenigsten intensiv auseinander. Wer nicht gerne die Bildzeitung liest, wird nie als Gag-Schreiber(in) Erfolg haben, und Drehbuchautor(inn)en, die populäre Genres oder gar das Fernsehen insgesamt langweilig finden und stattdessen lieber ins Arthouse-Kino gehen, werden am von TV-Produktionen dominierten Markt keine Chance haben. Die Aussichten auf eine berufliche Karriere steigen mit der Zeit und Energie, die man auf die Vorbereitung auf den Traumjob verbringt. Hierbei können neben einschlägigen Praktika vor allem Aus- und Weiterbildungsangebote helfen, die z. T. auch nach der Beendigung des grundständigen Studiums eingeschlagen werden können bzw. ein solches voraussetzen.

Volontariat

So führt der Weg zum Journalismus meist über ein Volontariat, in dem man die Regeln des Handwerks erlernt. Da die wenigen Plätze heiß begehrt sind, muss man bereits über einige Voraussetzungen verfügen, um mit einer Bewerbung realistische Erfolgschancen zu haben. Hierzu zählt neben einem abgeschlossenen Hochschulstudium im Fach Journalistik (oder einem für die angestrebte Richtung einschlägigen Fach) auch fundierte redaktionelle Erfahrung, die man z. B. als freie/r Mitarbeiter(in) bei der örtlichen Tageszeitung, im Rahmen von Praktika, Hospitanzen oder Assistenzen sammeln kann. Es gibt auch spezielle Journalistenschulen wie etwa die prestigeträchtige Henri-Nannen-Schule in Hamburg, die vom Verlag Gruner & Jahr sowie der Wochenzeitung *Die Zeit* getragen wird (www.journalistenschule.de).

Qualitätskriterien

Die Qualität der Volontariate (entscheidend für die späteren Berufschancen) variiert allerdings erheblich. Ausschlaggebend ist, was und wie viel man im Ausbildungszeitraum (in der Regel zwei Jahre) lernen kann: Gibt es einen Anstellungsvertrag mit klar geregelten Bedingungen und einen Ausbildungsplan? Gehören zum Aufgabenbereich auch (oder sogar überwiegend) nicht-journalistische Tätigkeiten wie etwa die Akquisition? Wie sind die Journalist(inn)en qualifiziert, die als Ausbilder fungieren? Kompetente Unterstützung erhalten Interessent(inn)en vom Deutschen Journalistenverband (DJV), der als Gewerkschaft und Berufsverband zwar in erster Linie seine hauptberuflichen Mitglieder vertritt, dennoch aber auch in der Nachwuchsförderung aktiv ist. Auf der Homepage (www.djv.de) finden sich unter der Rubrik „Journalist/in werden" Informationen aus erster Hand zum Berufsbild, den Ausbildungswegen (besonders hilfreich: die Checkliste zum Volontariat) und den Berufschancen.

Schriftsteller

Schriftsteller kann man nicht ‚werden' wie man (mit viel Engagement und auch Glück) Journalist(in) ‚werden' kann. Äußerst vielsagend ist die Vorbemerkung des Deutschen Schriftstellerverbands (www.verband-deutscher-schriftsteller.de) zu den Aufnahmebedingungen für neue Mitglieder: „Angesichts der oft unwürdigen Honorarbedingungen im Literaturbetrieb schaffen es nur wenige Autoren und Übersetzer, ihren Lebensunterhalt allein durch literarische Tätigkeit zu verdienen. Die meisten sind auf einen ‚Brotberuf' angewiesen." Dieser ‚Zweitberuf' hat aber in vielen Fällen auch etwas mit Texten zu tun: Nick Hornby war vor seiner literarischen Karriere Sprachlehrer, Dieter Wellershoff Hochschuldozent und langjähriger Lektor beim Kölner Verlag Kiepenheuer & Witsch, Umberto Eco Professor für Semiotik an der Universität Bologna (und Autor eines Ratgebers zum wissenschaftlichen Schreiben, s. Bibliographie), John von Düffel (*Vom Wasser, Houwelandt*) arbeitet als Dramaturg (u. a. am Thalia-Theater in Hamburg) und Frank Schätzing, Autor des Bestsellers *Der Schwarm*, kommt ursprünglich aus der Werbebranche.

Weiterbildung

Wie diese willkürlich gewählten Beispiele zeigen (die Liste ließe sich beliebig fortsetzen), ist der Weg zum/zur professionellen Romanautor(in) alles andere als geradlinig. Allerdings trifft die hierzulande noch weit verbreitete Ansicht nicht zu, dass man fiktionales Schreiben überhaupt nicht lernen kann, sondern quasi in die Wiege gelegt bekommt (oder eben nicht). In Großbritannien und insbesondere den USA haben universitäre Schreibkurse Tradition, in denen das Handwerkszeug für die Schriftstellerei vermittelt wird. Solche *creative writing*-Angebote (nicht gleichzusetzen mit Techniken zur Förderung von Kreativität wie *Brainstorming* oder *mind mapping*!) fassen mittlerweile auch in Deutschland langsam Fuß. Die Vorbehalte gegen die universitäre Vermittlung fiktionaler Schreibkompetenzen weichen der Einsicht, dass Romanautor(inn)en keine ‚Originalgenies' sind, sondern neben Talent auch (lehr- und lernbare) Kenntnisse und v.a. viel Übung benötigen (vgl. Aczel 2004).

Drehbuchautor(in)

Vorreiterin der derzeitigen *creative writing*-Welle war die Film- und Fernsehbranche, wo seit der Expansion deutscher Produktionen in den 1990er Jahren die Nachfrage nach professionellen (d.h. professionell ausgebildeten) Drehbuchautor(inn)en deutlich gestiegen ist. Wie bei den Volontariaten und Journalistenschulen muss man auch hier zwischen Trittbrettfahrern und etablierten Anbietern unterscheiden. Zu letzteren zählen etwa die Internationale Filmschule Köln (www.filmschule.de), die Filmakademie Baden-Württemberg in Ludwigsburg (www.filmakademie.de) und die Drehbuchwerkstatt in München (www.drehbuchwerkstatt.de). Weitere Anbieter finden sich auf der Webseite des Verbands Deutscher Drehbuchautoren (www.drehbuchautoren.de).

Schriftsteller(in)

Während Ausbildungsgänge zum/zur Drehbuchautor(in) mittlerweile vielerorts institutionalisiert sind – an der Internationalen Filmschule Köln wahlweise als Weiterbildung oder im Rahmen eines Bachelor-Studiengangs Film (beide Alternativen sind allerdings mit erheblichen Kosten verbunden) – und die Abschlüsse auch innerhalb der Branche zunehmend Beachtung finden, sind entsprechende Angebote für angehende Autor(inn)en mit literarischen Ambitionen noch die Ausnahme. Eine absolute Vorreiterrolle nimmt hier das 1957 in der DDR gegründete, nach der Wende zunächst aufgelöste und 1995 wieder eröffnete Deutsche Literaturinstitut an der Universität Leipzig ein, das einen künstlerischen Studiengang in den Fächern Prosa, Lyrik und Dramatik/Neue Medien anbietet (www.uni-leipzig.de/dll). Für den schreibenden Nachwuchs sind zudem Literaturwettbewerbe von großer Bedeutung, da man dort auf seine Arbeit aufmerksam machen und wichtige Kontakte zu anderen Autorinnen und Autoren, aber auch zu den weiteren Akteuren des Literaturbetriebs (Lektoren, Verlegern, Kritikern) knüpfen kann.

Sachbuchautor(in)

Neben dem fiktionalen Schreiben lässt sich natürlich auch mit nicht-fiktionalem Schreiben Geld verdienen. In jeder Buchhandlung finden sich Bücher über das Angeln, die Steuererklärung, das Sammeln von Pilzen, Bastelanleitungen, Reiseführer usw. Die Autor(inn)en sind Fachjournalist(inn)en oder freie Autor(inn)en, die sich auf bestimmte Bereiche spezialisiert haben. Die zentrale Stelle bei einem solchen Vorhaben ist das Marketing – ein großer Verlag ist ein wichtiger Partner, denn nur er kann dafür sorgen, dass ein

Bastelbuch überhaupt in die Läden kommt und dort am besten noch auf der Palette mit den Empfehlungen für Weihnachtsgeschenke landet.

Selbstverlag

Ein alternatives Szenario, das insbesondere dann in Frage kommt, wenn durch intensiven Kontakt mit der Zielgruppe (oder aufgrund alternativer Marketing-Strategien unter Einsatz des Internets) das Know-how des Verlags nicht benötigt wird, ist die Herstellung im Selbstverlag (entweder im klassischen Offset-Druck mit höherer Auflage und damit höherem Risiko, aber geringeren Stückkosten, oder im Digitaldruck, via Books On Demand) – die Gewinnspanne ist bei dieser Variante natürlich deutlich höher. Dafür müssen, um die Kosten niedrig zu halten, auch ‚autorenfremde' Aufgaben wie die Erstellung des endgültigen Layouts, die Konvertierung in das von der Druckerei verwendete Datei-Format oder die Beantragung einer ISBN-Nummer selbst erledigt (oder an darauf spezialisierte Firmen vergeben) werden.

Werbetexter(in)

Eine geregelte Ausbildung gibt es auch für das Texten in der Werbung nicht. Quereinsteiger (z.B. nach einem Germanistikstudium) müssen sich auch in dieser Branche als freie Mitarbeiter(innen) in der Praxis bewähren. Erste Schritte hin zu einer systematischen Nachwuchsförderung unternimmt allerdings die 1998 gegründete „Texterschmiede Hamburg e.V.". Dieses von Werbeagenturen getragene Institut bildet innerhalb von zwölf Monaten branchenfremde Talente – „Kassiererinnen, Kunstpfeifer oder Karosseriebauer", wie es in der Selbstdarstellung provozierend heißt (www.texterschmiede.de) – zu professionellen Texter(inne)n aus, die studienbegleitend zwei sechsmonatige Praktika in einer Werbeagentur absolvieren. Die Bilderbuchkarriere verläuft dann nach diesem Start über die Stationen Juniortexter(in) und Texter(in) bis zum Creative Director oder Chief Creative Officer einer Agentur, oder führt in die Selbstständigkeit. Eine empfehlenswerte Adresse ist der Fachverband Freier Werbetexter (www.werbetexter.com), der zwar nur hauptberuflich und selbstständig im Auftrag von Unternehmen oder (Werbe- und PR-)Agenturen arbeitende Texter(innen) als ordentliche Mitglieder aufnimmt, aber Freiberuflern, die noch nicht über die erforderliche Berufserfahrung verfügen, die Aufnahme als Juniormitglied anbietet. Gerade in diesem Bereich ist Vernetzung und organisierte Interessensvertretung völlig unersetzlich. Einen anschaulichen Einblick in den stressigen Alltag in der Werbebranche vermittelt der Artikel „Von Beruf Werbetexter" von Mirkam Hägele (www.spiegel.de/unispiegel/jobundberuf/0,1518,207309,00.html).

Fazit?

Angesichts der Vielfalt möglicher Einsatzfelder und der individuellen Spezifik unterschiedlicher Werdegänge lassen sich für freie Autor(inn)en keine typischen Wege zum Berufsteinstieg skizzieren. Generell gilt zum einen, dass das im Studium erworbene Fachwissen wesentlich weniger relevant ist als Praxiserfahrung und das spezifische Fachwissen in dem anvisierten Bereich. Zum anderen werden die wenigsten Aufträge auf der Grundlage einer vorgelegten Bewerbungsmappe mit Abschlusszeugnissen erteilt. Von zentraler Bedeutung sind vielmehr informelle Referenzen, d.h. persönliche Empfehlungen von Partnern, mit denen man bereits zusammengearbeitet hat, und die Fähigkeit, auch unter Stress hochwertige Texte termingerecht abzuliefern. Zumindest letzteres kann man während des Studiums bereits hervorragend trainieren. Hierbei kann der Abschnitt zur Arbeits- und Zeitplanung (Kap. 6.2) behilflich sein, denn wer gelernt hat, Seminar- und Abschlussarbeiten systematisch zu planen und fertig zu stellen, hat bereits die für professionelles Schreiben nötigen Erfahrungswerte bezüglich der eigenen Arbeitsleistung und Belastungsgrenzen gesammelt.

TIPP

Der erste Kontakt zu einer Werbeagentur läuft für angehende Texter häufig über sog. Copytests (Probearbeiten nach vorgegebenen Aufgaben) ab, die zahlreiche Firmen im Internet veröffentlichen. Wer sich für diese Branche interessiert, kann mit Hilfe dieser Tests das Verfassen kurzer, zielgruppenspezifisch strukturierter und formulierter Texte unter Zeitdruck trainieren.

3 Freiberuflich texten

1 Arbeitsbedingungen

Nachteile

Die Nachteile freiberuflichen Schreibens liegen auf der Hand. Erstens ist häufig nicht klar, wann und woher der nächste Auftrag kommt. Intensives und kontinuierliches Networking ist daher von entscheidender Bedeutung. Da die Bezahlung für Berufseinsteiger nicht gerade üppig ausfällt, fällt es schwer, nicht nur den Lebensunterhalt zu finanzieren, sondern auch noch Rücklagen für Flautezeiten zu bilden oder gar an die Altersvorsorge zu denken. Zudem lässt sich die Arbeit meist nicht planen, d.h., an manchen Tagen, Wochen und vielleicht sogar Monaten herrscht Funkstille, während dann wieder unverhofft neue Aufträge vergeben und alte Projekte fortgesetzt werden.

Vorteile

Die Vorteile sind allerdings auch klar: Man kann bei weitgehend freier Zeiteinteilung arbeiten und den persönlichen Vorlieben entsprechend die Kernarbeitszeiten auch auf die Nachtzeiten verlegen, man ist räumlich nicht gebunden, unterliegt keiner Kleiderordnung, ist sein eigener Chef und kann, wenn es mal gut läuft, zumindest in der Fernseh- und Werbebranche auch ganz ordentlich verdienen. Vor allem aber kann man das Gefühl von Freiheit, Flexibilität und Spontaneität genießen, das eine freiberufliche Tätigkeit mit sich bringt: Schließlich kann jederzeit der der Traum vom großen Wurf in Erfüllung gehen.

Netzwerke

Wenn dieser Fall irgendwann einmal eintritt, dann nicht aus Zufall, sondern weil Sie Ihre Netzwerke erfolgreich auf- und ausgebaut haben. Aufträge für Autor(inn)en werden nicht ausgeschrieben, sondern vergeben – meist an einen festen Stamm von erprobten und für gut befundenen Schreibprofis. Die Praxis bei der Vergabe von Aufträgen für Übersetzer(innen) ist übrigens ähnlich. Die oben beschriebenen Ausbildungsangebote dienen vorrangig als ‚Türöffner'. Sie vermitteln nicht nur Wissen über Textsorten und Textproduktion, sondern auch über die branchenspezifischen Codes (Sprache, Verhaltensregeln) und die richtigen Kontakte. Gute Autorinnen/Autoren nutzen dies zum Auf- und Ausbau eigener Netzwerke.

Partner

Neben diesen Kontakten gibt es noch eine Reihe weiterer Partner, die bei der Organisation der beruflichen Tätigkeit behilflich sind. Hierzu zählen die Künstlersozialkasse, die Berufsverbände und eine Agentur. Bei Vertragsverhandlungen sollte man sich vertreten lassen, wenn man einen professionellen Eindruck hinterlassen will, und eine gute Agentur wird ohnehin die durch sie anfallenden Kosten durch geschickte Verhandlungstaktik und Erhöhung der Summe wieder ‚einspielen'. Wichtig ist natürlich auch der Steuerberater, denn als Freiberufler ist man umsatzsteuerpflichtig und muss zudem mit der Steuererklärung eine detaillierte Abrechnung über Einnahmen und Ausgaben abgeben. Wer sich hier nicht hundertprozentig sicher fühlt oder keine Zeit hat, sollte die (absetzbaren) Kosten nicht scheuen.

VG Wort

Ein weiterer Partner, der ausnahmsweise für seine Aktivitäten nichts verlangt, sondern im Gegenteil jährlich Ende Juni Geld für publizierte Texte ausschüttet, ist die VG Wort (www.vgwort.de). Die Anmeldung sowie die jährliche Meldung der Publikationen bis Ende Januar zählen zu den festen Ritualen aller Autoren. Als Belohnung für den bürokratischen Aufwand erhält man Ende Juni einen Scheck, dessen Höhe davon abhängt, wie viel man im vorangegangenen Jahr publiziert hat.

2 Welche zusätzlichen Kernkompetenzen benötigen freiberufliche Autor(inn)en?

Kommunikation!

Ohne Kommunikation geht bei Freiberuflern gar nichts, denn stets müssen neue Aufträge an Land gezogen werden – wer nicht gern unter Leute geht oder generell die Erfahrung gemacht hat, dass er/sie nicht so gut ankommt, hat einen entscheidenden Wettbewerbsnachteil. Denn sehr gute Arbeit allein reicht nicht aus – die Kontakte geben oft den Ausschlag, wenn es darum geht, die eigene Arbeit überhaupt erst präsentieren zu dürfen. Das Selbstmarketing gehört also für freie Autor(inn)en zum Arbeitsalltag. Die Funktionen der Kommunikation sind vielfältig: Man muss sich als kompetente(n) und zuverlässige(n) Partner(in) ins Gespräch bringen. Das beinhaltet auch, dass man die jeweilige Szene genau kennt (potentielle Auftraggeber erwarten häufig, mit den Autoren möglichst nah an den Zeitgeist heranzurücken – die neuesten Trends, die angesagtesten Gags, die kreativsten Drehbücher). Deshalb sollte man bei einschlägigen Veranstaltungen (Messen, Premieren, Präsentationen etc.) präsent sein (wenn man es einmal geschafft hat, auf die Gästeliste zu kommen).

Zur kommunikativen Kompetenz gehört also zum einen, die Anliegen, Erwartungen, Ängste, Hoffnungen, Wünsche, Eigenheiten und auch Absonderlichkeiten der Gesprächspartner und potentiellen Auftraggeber richtig einzuschätzen: Welche Zielgruppen sollen durch Ihre Texte angesprochen werden, an welchen Erfolgskriterien müssen sich Ihre Auftraggeber messen lassen (Auflagenzahl, Einschaltquoten, Abonnements etc.) und welche (ungeschriebenen) Kommunikationsregeln gelten in der jeweiligen Branche? Zum anderen muss man sich als unkomplizierten, flexiblen, kompetenten und vor allem zuverlässigen Partner präsentieren können, dem man die Lösung aller Textprobleme bedenkenlos zu- und anvertraut.

Kommunikative Kompetenz

Natürlich bricht die Kommunikation nicht ab, wenn einmal der begehrte Auftrag erteilt ist. Ganz im Gegenteil: Jetzt stehen täglich die freiberuflichen Pendants zur Dienstbesprechung auf dem Programm: Telefongespräche, Telefonkonferenzen, Arbeitsessen (und – je nach Branche – auch abendliches ‚Arbeitstrinken'), Präsentationen und Meetings. Da hier jede Seite spezifische Ziele verfolgt (die Autoren wollen in der Regel eine Verlängerung der Abgabefrist herausschlagen), kommt es besonders darauf an, sich in das Gegenüber (die Perspektive der Redaktion, des Lektorats oder der Produktionsfirma) hineinzuversetzen. Schließlich ist nichts dem Hauptziel des Gesprächs – Sicherung des Auftrags und (hoffentlich) weiterer Folgeaufträge sowie Pflege des eigenen Image als sympathischer Problemlöser und kompetente(r) Autor(in) – abträglicher als eine konfrontative Stimmung, die Fronten verhärtet statt aufzulösen. In dieser Situation sind psychologisches Geschick, Einfühlungsvermögen und Verhandlungsgeschick gefragt. Wer bereits das Studium als Professionalisierungsphase aufgefasst und intensiv mit Lehrenden und Kommilitonen kommuniziert hat, ist klar im Vorteil.

Einfühlungsvermögen

Was haben freiberufliche Autor(inn)en, die von ihrer Arbeit leben müssen, mit Piloten beim Landeanflug, Notärzten auf der Fahrt zum Einsatzort und Bundesligaspielern kurz vor dem Elfmeter gemeinsam? Sie müssen in der Lage sein, viel Stress auszuhalten. Das gilt nicht nur für den Termindruck, unter dem man selbst permanent steht, sondern auch für den Stress, den die Auftraggeber auszuhalten haben und der häufig noch den eigenen Druck übersteigt: Für den/die Autor(in) steht ein Job (von hoffentlich mehreren) auf dem Spiel, für die Verantwortlichen u. U. die eigene Karriere. Entsprechend gereizt kann die Stimmung werden, wenn etwas schief läuft.

Stressbewältigung

Ein(e) erfolgreiche Autor(in) (der/die den Job zu Ende bringt und weitere Aufträge erhält) muss in heiklen Situationen auch Krisenmanagement betreiben und den Stress der anderen reduzieren – auf keinen Fall sollte man Unsicherheit und Hektik ausstrahlen oder gar in Verteidigungshaltung gehen oder aggressiv werden, selbst wenn in letzter Minute noch einmal auf Anordnung von ganz oben alles neu gemacht werden muss. Erfahrene Autor(inn)en bleiben in solchen Situationen ruhig, sondieren geschickt, was noch zu retten ist, vereinbaren neue Abgabefristen, gehen dann zurück

Krisenmanagement

an den Schreibtisch und machen sich an die Arbeit – notfalls in Nachtschichten. Natürlich muss man die eigene Leistungsfähigkeit sehr genau einschätzen können: Was ist theoretisch machbar, was hingegen selbst unter Aufbietung aller Kräfte völlig unrealistisch? Verschätzt man sich an diesem Punkt, ist u.U. das gesamte Projekt und damit der eigene Ruf in der Branche gefährdet (den konkreten Job ist man ohnehin los). Wer aber einmal in letzter Minute den Karren aus dem Dreck (und dem Auftraggeber den Kopf aus der Schlinge) gezogen hat, wird ganz sicher Gelegenheit bekommen, das wieder zu tun.

Zeit- und Projektmanagement

Um selbst in Krisensituationen noch souverän agieren zu können, benötigt man Kernkompetenzen in der Arbeitsplanung. Natürlich ist ein solides Zeit- und Projektmanagement generell erforderlich, wenn man erfolgreich freiberuflich tätig sein will: Da es nicht ratsam ist, sich auf einen einzigen Auftrag(geber) festzulegen, sollte man nach Möglichkeit mehrere Projekte parallel verfolgen (vgl. dazu den Band von Birgit Neumann und Gerald Echterhoff in dieser Reihe). Wenn es wirklich ernst wird, muss die Einschätzung der eigenen Kapazitäten absolut zuverlässig sein: Die Werbekampagne muss planmäßig starten, der Drehbeginn darf sich keinesfalls verzögern und ein fest eingeplanter Artikel hat rechtzeitig in der Redaktion einzutreffen.

Karriereplanung

Für freie Autor(inn)en ist wie für alle Freiberufler schließlich die Karriereplanung von besonderer Bedeutung, da sie nicht nur an die unmittelbare Auftragslage denken dürfen, sondern auch die mittel- und langfristige Planung im Auge behalten müssen: Wie entwickelt sich die jeweilige Branche? Kann man in benachbarten Branchen Fuß fassen? Welche neuen Anforderungen und Chancen ergeben sich aus technischen Entwicklungen? Fehler in der mittel- und langfristigen Karriereplanung lassen den Traumberuf freie(r) Autor(in) schnell zum Albtraum werden. Zählt man aber zu jenen, die gerne am Puls der Zeit sind, sich kontinuierlich nach neuen Entwicklungsmöglichkeiten umsehen und vor allem nichts lieber tun als zu schreiben, dann kann man sich auch guten Gewissens auf eine Existenz als freie(r) Autor(in) einlassen.

Fazit

Erfolgreich wissenschaftlich schreiben heißt also nicht nur, im Studium schneller und mit sehr gutem Erfolg die erforderlichen schriftlichen Arbeiten fertig zu stellen. Wer sich im Studium nicht nur von Arbeit zu Arbeit gequält, sondern sich die Mühe gemacht hat, mit Hilfe von Ratgebern wie diesem und durch kontinuierliche Kommunikation mit Lehrenden und Kommiliton(inn)en die eigenen Schreibkompetenzen zu verbessern, hat sich bereits eine gute Grundlage für eine hervorragende Abschlussarbeit und vielleicht sogar eine berufliche Schreibkarriere erarbeitet. Für beides ist die Bereitschaft zu ständiger Selbstreflexion und zu kontinuierlicher Arbeit an den eigenen Fähigkeiten eine unabdingbare Voraussetzung: „Those who become really good are those who don't give up when the going gets tough." (Aczel 2004: 6)

1 Wichtige Nachschlagewerke

DROSDOWSKI, GÜNTHER et al. (Hg.): *Der Duden*. Ausg. in 12. Bd., Mannheim: Dudenverlag 2005.
Das Standardwerk zur deutschen Sprache von der Dudenredaktion. In zwölf Bänden werden alle Aspekte des Deutschen im Detail erläutert: Rechtschreibung, Stil, Bilder, Grammatik, Fremdwörter, Aussprache, Etymologie, sinn- und sachverwandte Wörter, Ausdrucksweise, Semantik, Redewendungen sowie berühmte Zitate und Aussprüche. Klassiker, die in keinem Autorenregal fehlen dürfen, sind Band 1 (*Rechtschreibung der deutschen Sprache*, der auch die ebenso unbeliebten wie unvermeidbaren Kommaregeln beinhaltet, und Band 5 (*Fremdwörterbuch*). Im Zweifelsfall hat nicht die Rechtschreibprüffunktion von Word Recht, sondern einzig und allein *Der Duden*.

GIBALDI, JOSEPH: *MLA Handbook for Writers of Research Papers*. 6. Aufl., New York: Modern Language Association of America 2005 [1977].
Der MLA-Stil wird weltweit von einer Vielzahl wissenschaftlicher Zeitschriften und Buchverlage als formaler Standard akzeptiert. Dieses Handbuch zählt sicher nicht zu denjenigen Werken, die man gerne von vorne bis hinten durchlesen möchte (obwohl die Einleitung dies vorschlägt). Der umfangreiche Index sorgt jedoch dafür, dass es seinen Hauptzweck als Nachschlagewerk und Referenz in allen formalen Fragen erfüllt.

NÜNNING, ANSGAR (Hg.): *Metzler Lexikon Literatur- und Kulturtheorie*. 3. aktual. und erw. Aufl., Stuttgart: Metzler 2004 [1998].
Mittlerweile in der dritten, überarbeiteten Auflage erhältlich, gilt dieses Nachschlagewerk nach wie vor als erste Adresse für alle, die etwas über aktuelle Ansätze in der Literatur- und Kulturtheorie wissen – oder schreiben! – wollen. Die Wochenzeitung *Die Zeit* hat das Lexikon als eine „Studienreform im Kleinen" bezeichnet, die „auf den Gabentisch jedes Erstsemesters" gehöre. Von dort sollte es möglichst schnell auf den Schreibtisch wandern, denn selbst das beste Nachschlagewerk nutzt nur dann etwas, wenn man es regelmäßig benutzt.

WEIMAR, KLAUS, HARALD FRICKE & JAN-DIRK MÜLLER (Hgg.): *Reallexikon der deutschen Literaturwissenschaft* (Bd. I, A-G; Bd. II, H-O; Bd. III, P-Z). Bln./New York: de Gruyter 1997-2003.
Das von 1997 bis 2003 in drei Bänden erschienene Reallexikon bietet eine Fülle von Erklärungen zentraler Begriffe der Literaturwissenschaft. Besonders hilfreich ist die konsequent durchgehaltene Unterteilung der Definitionen in die Wortgeschichte, Sachgeschichte und Forschungsgeschichte des jeweiligen Begriffs. Für die meisten Studierenden ist es aufgrund des hohen Preises leider unerschwinglich.

2 Grundlagen

EHLICH, KONRAD & ANGELIKA STEETS (Hgg.): *Wissenschaftlich schreiben – lehren und lernen*. Bln.: de Gruyter 2003.
Dieser empfehlenswerte Sammelband leistet einen wichtigen Beitrag zur noch im Entstehen begriffenen Schreibforschung und -didaktik in Deutschland. Auf der Grundlage zahlreicher empirischer Studien werden unterschiedliche Wege zur Verbesserung der Schreibfähigkeit in Schule und Universität diskutiert. Insbesondere Lehrenden bieten die Beiträge wertvolle Anregungen.

EHLICH, KONRAD, ANGELIKA STEETS & INKA TRAUNSPURGER: *Schreiben für die Hochschule. Eine annotierte Bibliographie*. FfM.: Lang 2000.
Wer sich mit der aktuellen Forschungslage zum wissenschaftlichen und akademischen Schreiben auseinandersetzen will (bis 2000), findet mit dieser annotierten Bibliographie einen unverzichtbaren Wegweiser. Neben Ansätzen der Schreibforschung werden

empirische Studien, Beiträge zur wissenschaftlichen Textproduktion und -rezeption sowie zur Vermittlung von Schreibfähigkeit und Arbeiten aus den Bereichen Deutsch als Fremdsprache sowie Interkulturalität und wissenschaftliches Schreiben kommentiert.

KESELING, GISBERT: *Die Einsamkeit des Schreibers. Wie Schreibblockaden entstehen und erfolgreich bearbeitet werden können.* Wiesbaden: Verlag für Sozialwissenschaften 2004.

Diese Studie untersucht auf der Grundlage empirischer Beobachtungen und Interviews die Schreibprobleme von Studierenden sowie die (erfolgreichen) Planungs- und Schreibstrategien erfahrener Wissenschaftler(innen), insbesondere in den Phasen der Konzeptualisierung und Strukturierung. Leider werden die etwas unsystematischen Schlussfolgerungen dem interessanten Ansatz nicht ganz gerecht.

KRUSE, OTTO, EVA-MARIA JAKOBS & GABRIELA RUHMANN (Hgg.): *Schlüsselkompetenz Schreiben. Konzepte, Methoden, Projekte für Schreibberatung und Schreibdidaktik an der Hochschule.* Bielefeld: Webler 2003 [1999].

Einer der ersten Sammelbände in Deutschland, der aus interdisziplinärer Perspektive Wege zur Vermittlung von Schreibkompetenz an Hochschulen diskutiert. Nach wie vor ein wichtiges Grundlagenwerk.

POSPIECH, ULRIKE: *Schreibend schreiben lernen. Über die Schreibhandlung zum Text als Sprachwerk.* FfM.: Lang 2005.

Diese empfehlenswerte Dissertation entwickelt auf textlinguistischer Grundlage einen systematischen Ansatz zur Vermittlung von Text- und Textsortenkompetenz. Im Vordergrund steht das Ziel, das zum Schreiben erforderliche Textwissen kursbegleitend neben dem Fachwissen zu vermitteln. Daher richtet sich der Band vornehmlich an lehrende Fachwissenschaftler (die leider Bücher dieser Art viel zu selten lesen). Auf jeden Fall ein großer Schritt in die richtige Richtung.

SCHMIDT, SIEGFRIED J.: *Kalte Faszination. Medien, Kultur, Wissenschaft in der Mediengesellschaft.* Weilerswist: Velbrück 2000.

Sicher fragen sich manche Studierende, die bereits mit Theorien und Methoden ihrer Fächer überfordert sind, ob und warum man sich nun auch noch mit allgemeiner Wissenschaftstheorie beschäftigen sollte. Die Antwort auf die Frage ist, dass das Verständnis der Prinzipien wissenschaftlichen Denkens, Schreibens und Handelns auch das Nachvollziehen und Einordnen fachwissenschaftlicher Inhalte erleichtert. Dies gilt insbesondere für SCHMIDTS konstruktivistischen Ansatz: In klarer Sprache werden hier die Unterschiede und Übergänge zwischen den interagierenden sozialen Systemen Kunst, Literatur, Medien, Medientheorie und Wissenschaft markiert. Fazit: Wer weiß, was (w)er tut, tut sich leichter.

STEINHOFF, TORSTEN: „Wie entwickelt sich die wissenschaftliche Textkompetenz?" In: *Der Deutschunterricht* 3/03 (2003), S. 38–47.

Dieser kurze Artikel vertritt die These, dass eine fehlerhafte Verwendung der Wissenschaftssprache (viele lehrreiche Beispiele!) durch Studierende nicht nur als Defizit, sondern auch als Anzeichen für Lernprozesse aufgefasst werden kann. Das sollte allen Schreibenden Mut machen und allzu kritische Korrektor(inn)en zum Nachdenken anregen.

3 Ratgeber zum wissenschaftlichen Schreiben (Auswahl)

1 Zitierte Literatur

ACZEL, RICHARD: *How to Write an Essay.* Stuttgart: Klett 2005 [1998].

In seiner mittlerweile zum Klassiker avancierten Einführung *How to Write an Essay* schildert der Kölner Anglist Richard Aczel ausführlich und anschaulich anhand konkreter Beispiele aus dem Unterrichtsalltag, wie man *essay questions* entschlüsselt, Themenbereiche gliedert und Aufsätze strukturiert. Wer dieses Buch aufmerksam durcharbeitet und danach keine besseren Essays schreibt, ist vermutlich (schreib)beratungsresistent.

Brink, Alfred: *Anfertigung wissenschaftlicher Arbeiten. Ein prozessorientierter Leitfaden zur Erstellung von Bacherlor-, Master- und Diplomarbeiten.* 2., völlig überarb. Aufl., Mchn.: Oldenbourg 2005 [2004].
Wenn der Leiter einer großen Fachbereichsbibliothek einer renommierten Universität ein Buch zum wissenschaftlichen Arbeiten schreibt, darf man in den Bereichen Literaturrecherche, -beschaffung, -beurteilung und -verwaltung besondere Kompetenz erwarten. Brink wird der hohen Erwartungshaltung nicht nur gerecht, sondern kann auch mit einer vorbildlich klaren Gliederung aufwarten, die es der Zielgruppe erleichtert, das umfassende Informationsangebot zu nutzen.

Echterhoff, Gerald & Birgit Neumann: *Projekt- und Zeitmanagement. Strategien für ein erfolgreiches Studium.* Stg.: Klett 2006.
Eine Kernkompetenz erfolgreicher Studierender ist eine effektive Arbeits- und Zeitplanung. Dieser Band vermittelt nicht nur die neuesten Ansätze zum Projektmanagement im Studium, sondern zeigt auch anhand zahlreicher Beispiele, wie man das systematische Planen und Arbeiten lernen kann.

Eco, Umberto: *Wie man eine wissenschaftliche Abschlussarbeit schreibt. Doktor-, Diplom- und Magisterarbeit in den Geistes- und Sozialwissenschaften.* 11. Aufl., Heidelberg: Müller 2005 (1988).
Dass er selbst schreiben kann, hat Eco in zahlreichen wissenschaftlichen Werken und Romanen hinreichend bewiesen. Dass er seine Kenntnisse auch zu vermitteln vermag, zeigt die Tatsache, dass dieser 1977 in der italienischen Originalausgabe erstmals erschienene Band, einer der Vorläufer des gegenwärtigen Booms in der Ratgeberliteratur, nach wie vor als Standardwerk gilt. Auch wenn einiges schon etwas veraltet ist (der Text ist vor dem Computer-Zeitalter entstanden), wirkt Ecos persönlicher und studentenorientierter Stil nach wie vor sehr motivierend.

Franck, Norbert & Joachim Stary (Hgg.): *Die Technik wissenschaftlichen Arbeitens. Eine praktische Anleitung.* 12., überarb. Aufl., Paderborn: Schöningh 2006 [1977].
Dieser Sammelband enthält Beiträge zu den Themenbereichen ‚Literaturermittlung', ‚Schreiben' sowie ‚Referieren und diskutieren'. Mehrere der Autor(inn)en haben bereits andere Bücher vorgelegt, in denen sie sich eingehend mit den hier nur angerissenen Problembereichen beschäftigen. Wer einen kurzen Überblick oder einen Einstieg ins Thema sucht, wird hier fündig.

Kruse, Otto: *Keine Angst vor dem leeren Blatt. Ohne Schreibblockaden durchs Studium.* 11. Aufl., FfM.: Campus 2005 [1993].
Kruse gilt zu Recht als einer der Pioniere der Schreibförderung an deutschen Hochschulen. Diese Einführung ist einer der ersten Versuche, aus der Perspektive der Studierenden den Schreibprozess praxisnah darzustellen. An Aktualität hat dieses Anliegen bis heute nichts eingebüßt, und Kruses problemorientierter Ansatz, dem die schwierige Balance zwischen faktenorientierter Darstellung auf der einen, und Motivationshilfe auf der anderen Seite gelingt, nimmt nach wie vor vielen Studierenden die Angst vor dem leeren Blatt.

Pyerin, Brigitte: *Kreatives wissenschaftliches Schreiben. Tipps und Tricks gegen Schreibblockaden.* Weinheim: Juventa 2003 [2001].
Neben den typischen Ingredienzen eines Ratgebers zum wissenschaftlichen Schreiben, etwa Ausführungen zu den Grundlagen der Textproduktion, den wichtigsten Textsorten und den Entstehungsphasen, liegt der Fokus hier vor allem auf praktischen Tipps zur Überwindung von Schreibhemmungen: Die ersten 70 Seiten sind eine wahre Fund-

grube für alle, die sich nicht mit Schreibproblemen abfinden und auf Gefühle und Spaß beim Schreiben nicht verzichten wollen.

SESINK, WERNER: *Einführung in das wissenschaftliche Arbeiten. Mit Internet – Textverarbeitung – Präsentation.* 6., vollst. überarb. und aktual. Aufl., Mchn.: Oldenbourg 2003 [1991].

Eine solide Einführung, die in den meisten Lehrbuchsammlungen zu finden ist, und in der aktuellen Auflage auch ein (für Einsteiger allerdings etwas anspruchsvolles) Kapitel zum Formatieren mit Hilfe eines Textverarbeitungsprogramms enthält.

THEISEN, MANUEL R.: *Wissenschaftliches Arbeiten. Technik – Methodik – Form.* Mchn.: Vahlen 2005 [1984].

Diesem 1984 zuerst veröffentlichten Buch, das mittlerweile in der 12. (neu überarbeiteten) Auflage vorliegt, sieht man an, dass es vor dem ‚Schreibboom' der 1990er Jahre und von einem Wirtschaftswissenschaftler konzipiert wurde: Dem deduktiven Aufbau (Stationen des Arbeitsprozesses) liegt ein normatives Konzept zugrunde, das neuere Ansätze der Schreibforschung und -beratung (etwa kreative Methoden zur Überwindung von Blockaden) zugunsten von Formvorschriften außer Acht lässt. Ob das als Defizit empfunden wird oder nicht, hängt vom Benutzer ab. Uneingeschränkt zu empfehlen ist das herrlich ironische Schlusskapitel „Ratschläge für einen schlechten wissenschaftlichen Arbeiter", das sich an die Zweitbuchverächter und Bibliotheksbuchmarkierer dieser Welt richtet.

2 Weitere Titel

ALLEN, KATHRYN L.: *Study Skills. A Student Survival Guide.* West Sussex: Wiley 2005.

BÄNSCH, AXEL: *Wissenschaftliches Arbeiten. Seminar- und Diplomarbeiten.* 8., durchges. und erw. Aufl., Mchn./Wien: Oldenbourg 2003 [1992].

BECKER, FRED G.: *Anleitung zum wissenschaftlichen Arbeiten. Wegweiser zur Anfertigung von Haus- und Diplomarbeiten.* 4., durchges. Aufl., Lohmar: Eul 2004 [1990].

BOULANGER, CHRISTIAN & RAIMUND KRÄMER: *Wissenschaftliches Schreiben.* Potsdam: Universitätsverlag 2005.

BRAMBERGER, ANDREA & EDGAR FORSTER: *Wissenschaftlich schreiben. Kritisch – reflexiv – handlungsorientiert.* Münster: Lit Verlag 2004.

BRAUNER, DETLEF JÜRGEN & HANS-ULRICH VOLLMER: *Erfolgreiches wissenschaftliches Arbeiten. Seminararbeit – Diplomarbeit – Doktorarbeit.* 2., erw. u. überarb. Aufl., Sternenfels: Wissenschaft & Praxis 2006 [2004].

BROICH, JOSEF: *Fit im Studium. Gebrauchsanleitung fürs Gehirn.* Köln: Maternus 2002.

BURCHARDT, MICHAEL: *Leichter Studieren. Wegweiser für effektives wissenschaftliches Arbeiten.* 3., neubearb. Aufl., Bln.: Berlin-Verlag Spitz 2000 [1995].

BURCHERT, HEIKO & SVEN SOHR: *Praxis des wissenschaftlichen Arbeitens. Eine anwendungsorientierte Einführung.* Mchn.: Oldenbourg 2004.

COFFIN, CAROLINE et al.: *Teaching Academic Writing. A Toolkit for Higher Education.* Ldn.: Routledge 2003.

FRANCK, NORBERT: *Fit fürs Studium: Erfolgreich reden, lesen, schreiben.* 7. Aufl., Mchn.: dtv 2004 [1998].

GREETHAM, BRYAN: *How to Write Better Essays.* Basingstoke: Palgrave 2001.

GRUNWALD, KLAUS & JOHANNES SPITTA: *Wissenschaftliches Arbeiten. Grundlagen zu Herangehensweise, Darstellungsformen und Regeln.* 5. Aufl., Eschborn: Klotz 2003 [1997].

HUG, THEO (Hg.): *Einführung in das wissenschaftliche Arbeiten.* Baltmannsweiler: Schneider Verlag Hohengehren 2001.

KOEPERNIK, CLAUDIA, JOHANNES MOES & SANDRA TIEFEL: *GEW-Handbuch Promovieren mit Perspektive. Ein Ratgeber von und für DoktorandInnen.* Bielefeld: Bertelsmann 2005.

PAETZEL, ULRICH: *Wissenschaftliches*

Arbeiten. Überblick über Arbeitstechnik und Studienmethodik. Bln.: Cornelsen 2001.

PUKAS, DIETRICH: *Lernmanagement. Einführung in Lern- und Arbeitstechniken.* Rinteln: Merkur 2005.

REDDER, ANGELIKA (Hg.): *Effektiv studieren. Texte und Diskurse in der Universität.* Duisburg: Gilles & Francke 2002.

ROSSIG, WOLFRAM E. & JOACHIM PRÄTSCH: *Wissenschaftliche Arbeiten. Leitfaden für Haus- und Seminararbeiten, Bachelor- und Masterthesis, Diplom- und Magisterarbeiten, Dissertationen.* 5., erw. Aufl., Weyhe: Print-Tec 2005.

STROHHECKER, JÜRGEN: *Techniken und Konventionen zur Erstellung wissenschaftlicher Arbeiten.* FfM.: Bankakademie-Verlag 2005.

4 Fachspezifische Literatur (Auswahl)

1 Literatur- und Sprachwissenschaften, Geschichte, Politikwissenschaft, Musikwissenschaft, Theologie

ALEMANN, ULRICH VON: *Methodik der Politikwissenschaft. Eine Einführung in Arbeitstechnik und Forschungspraxis.* 7. Aufl. [mit Erhard Forndran], Stg.: Kohlhammer 2005 [1974].

FREYTAG, NILS & WOLFGANG PIERETH: *Kursbuch Geschichte. Tipps und Regeln für wissenschaftliches Arbeiten.* 2., aktual. Aufl., Paderborn: Schöningh 2006 [2004].

JESSING, BENEDIKT: *Arbeitstechniken des literaturwissenschaftlichen Studiums.* Stuttgart: Reclam 2005 [2001].

KALINA, ONDREJ et al.: *Grundkurs Politikwissenschaft. Einführung ins wissenschaftliche Arbeiten.* Wiesbaden: Westdeutscher Verlag 2003.

KOLMER, LOTHAR & CARMEN ROB-SANTER: *Geschichte schreiben. Von der Seminar- zur Doktorarbeit.* Paderborn: Schöningh 2006.

KÜRSCHNER, WILFRIED: *Taschenbuch Linguistik. Ein Studienbegleiter für Germanisten.* 2., vollst. überarb. und erw. Aufl., Bln.: Schmidt 2003 [1994].

LUDWIG, HANS-WERNER & THOMAS ROMMEL: *Studium Literaturwissenschaft. Arbeitstechniken und Neue Medien.* Tüb.: Francke 2003.

MOENNINGHOFF, BURKHARD & ECKHARDT MEYER-KRENTLER: *Arbeitstechniken Literaturwissenschaft.* 12., korr. und aktual. Aufl., Mchn.: Fink 2005 [1971].

RAFFELT, ALBERT: *Theologie studieren. Wissenschaftliches Arbeiten und Medienkunde.* Freiburg: Herder 2003.

SCHLICHTE, KLAUS: *Einführung in die Arbeitstechniken der Politikwissenschaft.* 2. Aufl., Wiesbaden: Verlag für Sozialwissenschaften 2005 [1999].

SCHWINDT-GROSS, NICOLE: *Musikwissenschaftliches Arbeiten. Hilfsmittel, Techniken, Aufgaben.* 5. Aufl., Kassel: Bärenreiter 2003 [1992].

SIMONIS, GEORG & HELMUT ELBERS: *Studium und Arbeitstechniken der Politikwissenschaft.* Opladen: Leske & Büdrich 2003.

STANDOP, EWALD: *Die Form der wissenschaftlichen Arbeit. Ein unverzichtbarer Leitfaden für Studium und Beruf.* 17., korr. und ergänzte Aufl., Wiebelsheim: Quelle & Meyer 2004 [1959].

STARY, JOACHIM & HORST KRETSCHMER: *Umgang mit wissenschaftlicher Literatur. Eine Arbeitshilfe für das sozial- und geisteswissenschaftliche Studium.* 3. Aufl., Bln.: Cornelsen 2004 [1994].

2 Wirtschafts- und Sozialwissenschaften, Recht, Pädagogik

BANGO, JENÖ: *Wissenschaftliches Arbeiten in der Sozialarbeit. Eine Einführung für Studierende und Lehrende*. Wiesbaden: Westdeutscher Verlag 2000.

BOHL, THORSTEN: *Wissenschaftliches Arbeiten im Studium der Pädagogik. Arbeitsprozess, Referate, Hausarbeiten, mündliche Prüfungen und mehr.* Weinheim: Beltz 2005.

ERNST, WIEBKE: *Wissenschaftliches Arbeiten für Soziologen*. Mchn.: Oldenbourg 2002.

DISTERER, GEORG: *Studienarbeiten schreiben. Diplom-, Seminar- und Hausarbeiten in den Wirtschaftswissenschaften*. 3., vollst. überarb. und erw. Aufl., Bln.: Springer 2005 [1998].

EBSTER, CLAUS & LIESELOTTE STALZER: *Wissenschaftliches Arbeiten für Wirtschafts- und Sozialwissenschaftler.* 2., überarb. Aufl., Wien: WUV Universitätsverlag 2003 [2002].

FORSTMOSER, PETER & REGINA OGOREK: *Juristisches Arbeiten. Eine Anleitung für Studierende*. 3., überarb. Aufl., Zürich: Schulthess 2003 [1994].

HUGENSCHMIDT, CRISPIN F. M.: *Studier- und Arbeitstechnik für Juristinnen und Juristen.* Basel: Helbing & Lichtenhahn 2005.

MÖLLERS, THOMAS M. J.: *Juristische Arbeitstechnik und wissenschaftliches Arbeiten. Klausur, Hausarbeit, Seminar- und Studienarbeit, Staatsexamen, Dissertation*. 3., neubearb. Aufl., Mchn.: Vahlen 2005 [2001].

ROST, FRIEDRICH: *Lern- und Arbeitstechniken für das Studium.* Wiesbaden: Verlag für Sozialwissenschaften 2004.

SACHS, SYBILLE & ANDREA HAUSER: *Das ABC der betriebswirtschaftlichen Forschung. Anleitung zum wissenschaftlichen Arbeiten*. Zürich: Versus 2002.

SCHENK, HANS-OTTO: *Die Examensarbeit. Ein Leitfaden für Wirtschafts- und Sozialwissenschaftler.* Göttingen: Vandenhoeck & Ruprecht 2005.

SOMMER, BERND: *Wissenschaftliches Arbeiten. Zu Konzeption, Durchführung und Auswertung von Einführungsseminaren für Studierende sozialer und pädagogischer Fächer.* Marburg: Tectum 2004.

SPOUN, SASCHA & DOMINIK BATTISTE DOMNIK: *Erfolgreich studieren. Ein Handbuch für Wirtschafts- und Sozialwissenschaftler.* Mchn.: Pearson 2004.

3 Natur- und Ingenieurswissenschaften

EBEL, HANS F. & CLAUS BLIEFERT: *Diplom- und Doktorarbeit. Anleitungen für den naturwissenschaftlich-technischen Nachwuchs*. 3., aktual. Aufl., Weinheim: VCH 2003 [1993].

GRIEB, WOLFGANG: *Schreibtipps für Diplomanden und Doktoranden in Ingenieur- und Naturwissenschaften*. 5. Aufl., Bln.: VDE 2004 [1991].

HERING, LUTZ & HEIKE HERING: *Technische Berichte. Gliedern, gestalten, vortragen*. 4., überarb. und erw. Aufl., Braunschweig: Vieweg 2003 [1996].

KREMER, BRUNO P.: *Vom Referat bis zur Examensarbeit. Naturwissenschaftliche Texte perfekt verfassen und gestalten*. 2., vollst. überarb. Aufl., Bln.: Springer 2006 [2004].

SCHUTH, MICHAEL: *Leitlinie für das Anfertigen von Projekt-, Studien- und Diplomarbeiten im technischen Bereich*. Aachen: Shaker 2001.

4 Geographie, Sportwissenschaft, Informatik, Psychologie

BAADE, JUSSI, HOLGER GERTEL & ANTJE SCHLOTTMANN: *Wissenschaftlich arbeiten. Ein Leitfaden für Studierende der Geographie*. Bern: Haupt 2005.

DEININGER, MARCUS: *Studien-Arbeiten. Ein Leitfaden zur Vorbereitung, Durchführung und Betreuung von Studien-, Diplom- und Doktorarbeiten am Beispiel Informatik*. 5., überarb. Aufl., Zürich: vdf 2005 [1992].

JACOBI, FRANK (Hg.): *Wissenschaftliches Arbeiten in der klinischen Psychologie. Ein Leitfaden.* 2. Aufl., Göttingen: Hogrefe, Verlag für Psychologie 2002 [1999].

KOOL, JAN & ROB DE BIE: *Der Weg zum wissenschaftlichen Arbeiten. Ein Einstieg für Physiotherapeuten.* Stuttgart/New York: Thieme 2001.

RECHENBERG, PETER: *Technisches Schreiben. (Nicht nur) für den Informatiker.* 2., erw. Aufl., Mchn.: Hanser 2003 [2002].

WYDRA, GEORG: *Wissenschaftliches Arbeiten im Sportstudium. Manuskript und Vortrag.* 2. Aufl., Aachen: Meyer & Meyer 2005 [2003].

ZEIGER, MIMI: *Essentials of Writing Biomedical Research Papers.* 2. Aufl., New York: McGraw-Hill 2000 [1991].

ZOBEL, JUSTIN: *Writing for Computer Science.* 2. Aufl., Ldn.: Springer 2004 [1997].

5 Literatur zum Thema „Schreiben als Beruf"

1 Fiktionales Schreiben

ACZEL, RICHARD: *Creative Writing.* Stuttgart: Klett 2004.

BENKE, DAGMAR: *Freistil. Dramaturgie für Experimentierfreudige und Fortgeschrittene.* Bergisch-Gladbach: Bastei 2002.

BRENNER, ALFRED: *TV Scriptwriter's Handbook. Dramatic Writing for Television and Film.* Los Angeles: Silman-James 1992 [1980].

FRIEDMANN, JULIAN: *Unternehmen Drehbuch. Drehbücher schreiben, präsentieren, verkaufen.* 3. Aufl., (überarbeitet und ergänzt für den deutschen Markt von Oliver Schütte und Steffen Weihe), Bergisch-Gladbach: Bastei 2003 [1999].

HOWARD, DAVID: *How to Build a Great Screenplay. A Master Class in Storytelling for Film.* New York: St. Martin's 2004.

LAZARUS, TOM: *Secrets of Film Writing.* New York: St. Martin's 2001.

MACLOUGHLIN, SHAUN: *Writing for Radio. How to Write Plays, Features and Short Stories that Get You on Air.* 2. Aufl., Oxford: How To Books 2001 [1998].

MCKEE, ROBERT: *Story. Substance, Structure, Style, and the Principles of Screenwriting.* New York, NY: ReganBooks 2003 [1997].

OWEN, ALISTAIR (Hg.): *Story and Character. Interviews with British Screenwriters.* Ldn.: Bloomsbury 2003.

SCHUMANN, OTTO (Hg.): *Grundlagen und Techniken der Schreibkunst. Handbuch für Schriftsteller, Redakteure und angehende Autoren.* Neuausg., erg. und bearb. von Heinrich Zelton, Bindlach: Gondrom 2004 [1991].

WOLFF, JÜRGEN: *Sitcom. Ein Handbuch für Autoren* (mit L.P. Ferrante, übersetzt von Matthias Schmitt). Köln: Emons 1997.

2 Nichtfiktionales Schreiben

ALKAN, SAIM ROLF: *Texten für das Internet. Ein Praxisbuch für Online-Redakteure und Werbetexter.* 2., aktual. und erw. Aufl., Bonn: Galileo 2004 [2002].

BALDOCK, CAROLE: *Writing Reviews. How to Write About Arts and Leisure for Pleasure and Profit.* Oxford: How to Books 1996.

FRANCK, NORBERT: *Klartext schreiben.* Regensburg: Walhalla 2001.

GABRIEL, YIANNIS: *Storytelling in Organizations. Facts, Fictions, and Fantasies.* Oxford: Oxford UP 2000.

HÄUSERMANN, JÜRG: *Journalistisches Texten. Sprachliche Grundlagen für professionelles Informieren.* 2., aktual. Aufl., Konstanz: UVK 2005 [1993].

JANICH, NINA: *Werbesprache. Ein Arbeitsbuch.* 4. Aufl., Tüb.: Narr 2005 [1999].

MEYER, WERNER: *Zeitungspraktikum.* 3., überarb. Aufl., Starnberg: R.S. Schulz 1997 [1983].

PIETZCKER, DOMINIK: *Werbung texten. Von Idee und Konzept zur medienwirksamen Botschaft.* Bln.: Cornelsen 2003.